"Toda alma sensible se preocupa [...] en estos días tan llenos de desafíos [...] a derribar nuestras mejores y más brillantes esperanzas de bienestar para todos ellos. Agradezco y felicito a Arni Jacobson por darnos este libro, un regalo para que como padres y familiares podamos avanzar con pasos útiles, distinguiéndonos al guiarlos hacia el amor, la gracia y el poder de Dios".

—JACK W. HAYFORD.
Pastor fundador de The Church on the Way.
Presidente de The King's College and Seminary

"Si existe lo que podría llamarse un experto en ganar almas, Arni Jacobson seguro que estaría en esa lista y, de hecho, en los primeros puestos. Su libro, *Cinco llaves para ganar a tu familia para Cristo* es uno de los que más falta hace en los hogares cristianos de hoy, con los problemas de la cultura actual. Necesitamos este libro, incluso para ayudar a rescatar y restaurar a otras familias quebrantadas con quienes nos cruzamos en la vida".

—DICK EASTMAN.
Presidente internacional de Every Home for Christ

"Nunca como ahora ha sido tan necesario un libro como este. Es un plan bíblico para ganar a nuestras familias para Cristo. Lo que nos ofrece Arni Jacobson renueva nuestra esperanza en el esfuerzo por llevar a nuestras familias a Jesús".

—STEVE MUNSEY.
Pastor principal de Family Worship Center, Munster, Indiana

"Arni Jacobson ha dado en el clavo con este, su último libro. Al leer *Cinco llaves para ganar a tu familia para Cristo*, me identifiqué con su contenido a medida que iba encontrando cada clave. Es un libro que no puede dejar de leer quien ora porque un miembro de su familia conozca al Señor".

—PASTOR RICH WILKERSON.
Evangelista, escritor y pastor de Trinity Church,
Miami, Florida

"Arni Jacobson es un muy exitoso pastor plantador de iglesias. Ha establecido y pastoreado congregaciones con miles de miembros. Hoy ministra a pastores y líderes de los EE.UU. y el mundo entero. Es amigo, compañero de ministerio, fuente de inspiración para los demás. Sus calificaciones como escritor de un libro que nos enseña cómo guiar a las personas a Cristo, se hacen evidentes en la cantidad de personas que ha llevado personalmente a conocer a Cristo, entre quienes hay desde banqueros, abogados y deportistas profesionales hasta familiares y amigos. Arni tiene ese don de transmitir su propia experiencia de manera que también nosotros queramos vivirla. Al reconocer que la cultura familiar es algo único, Arni presenta cinco prácticas llaves que nos enseñan a ganar a nuestras familias para Cristo de manera espiritual y efectiva. Son cinco llaves para todo el que quiera que su familia experimente la vida en Cristo. Por eso, es un gran privilegio recomendar este libro".

—STEVE RIGGLE.
Pastor principal de Grace Community Church, Houston, Texas.
Presidente de Grace International

"*Cinco llaves para ganar a tu familia para Cristo*, de Arni Jacobson, es un libro de fácil lectura y comprensión, que contribuye a edificar la fe. Es fruto del laboratorio de la práctica y el éxito".

—GLEN D. COLE.
Pastor de Trinity Life Center, Sacramento, California

"Un libro de lectura obligatoria para todo el que quiere que sus seres amados conozcan la fe salvadora en Cristo. Las prácticas que cubre este libro son bíblicas, sensatas, producto de la experiencia de alguien que dedicó su vida a ganar almas y conoce profundamente lo que es evangelizar".

—PASTOR CHRIS PENA.
Foundation Christian Ministries

"Mi querido amigo Arni ¡lo ha logrado una vez más! *Cinco llaves para ganar a tu familia para Cristo* contiene sabiduría simple pero profunda, del tipo que todo creyente busca para ayudar a sus seres queridos a encontrar el camino a la salvación. Si el ¿cómo? Y el ¿por qué no sucede todavía? han sido tus problemas ¡este libro te darás las respuestas y el rumbo que necesitas!"

—DICK BERNAL.
Pastor de Jubilee Christian Center, San José, California

*"Cree en el Señor Jesús;
así tú y tu familia serán salvos".*

—Hechos 16:31

5 LLAVES PARA GANAR A TU FAMILIA PARA CRISTO

Renovada esperanza para los creyentes

ARNI JACOBSON

nivel ①editorial

5 Llaves para ganar a tu familia para Cristo
por Arni Jacobson
Editorial Nivel 1
Weston, Florida
www.gruponiveluno.com

Originally published in the USA by
Creation House, A Strang Company
Lake Mary, Florida, USA
under the title Five Keys to Reaching Your Family for Christ
Copyright ©2009 by Arni Jacobson
All rights reserved.

Edición en español, Copyright ©2010 por Editorial Nivel 1
Todos los derechos reservados.

Available in other languages from Strang Communications,
600 Rinehart Road, Lake Mary, FL 32746 USA,
407-333-0600, ext. 3208,
www.strang.com

A menos que se indique lo contrario, todos los textos bíblicos han sido
tomados de la Santa Biblia, Nueva Versión Internacional (NVI)
© 1999 Sociedad Bíblica Internacional.
Usada con permiso.

Desarrollo editorial: *Grupo Nivel Uno, Inc.*

Categoría: Familia/Evangelismo
ISBN: 978-1-61638-122-6

Primera edición, 2010
Impreso en Estados Unidos de América

DEDICATORIA

Dedico este libro a mi familia:
mi esposa Jan;
mi hijo, Chad; su esposa, Amanda;
sus dos hijos Ethan y Collin;
mi hija Brooke, y su esposo Josh.
Así como a mi hermana Judy, a quien le debo mi lugar en el cielo
y mi pasión por la salvación.

Reconocimientos

Este libro no se habría hecho realidad sin la gran ayuda y experiencia de mi amigo Robert Mims. Le di mis notas manuscritas, los informes de horas y horas de reuniones y las enseñanzas grabadas que conformarían esta obra. Robert Mims está disponible en mimsmedia.com, si lo que buscas es un hombre de Dios que pueda ayudarte con tu manuscrito.

Mi hija Brooke y mi yerno Josh me ayudaron a mantener mi dedicación a la tarea y trabajaron conmigo para poder cumplir con los plazos.

Gracias a mi nueva amiga, Kim Edlin, por su ayuda brillante y su estrategia de mercadeo.

A Caty Tonn, querida amiga de la familia, que logró acelerar los tiempos de este libro tantas veces y en tantos aspectos.

Al equipo de Creation House y Strang Publishers, por ser tan fantásticos compañeros de trabajo.

A los pastores y líderes de ministerio que entendieron la importancia de este mensaje y sintieron que querían apoyar la concreción de este libro.

También quiero agradecer a todas esas personas especiales que nos dejaron entrar en sus familias y compartieron con nosotros sus historias, unas veces emocionantes y otras dolorosas, para ver que se cumpliera la promesa de Hechos 16:31:

༄

"Cree en el Señor Jesús;
    así tú y tu familia serán salvos".

༄

Al Reverendo Nat Olson, que me presentó Hechos 16:31 a principios de los '70 y me enseñó a confiar en que mi familia podía ser salva.

Al pastor John Wilkerson, que acercó a mi hermana a Cristo y fue soporte espiritual para mí, en mis primeros años como cristiano.

A Jesucristo, que murió por mis pecados y se entregó por mi familia y la tuya.

ÍNDICE

INTRODUCCIÓN

Tenían el rostro marcado por la preocupación. Y los ojos colorados, llorosos. John y Elaine suspiraron, con los hombros inclinados y unas tazas de café amargo sobre la mesa. Se miraron. La causa de su angustia era su hija Janna, que tanto gozo y orgullo les había dado. Cualquiera que la conociese diría que era una buena chica cristiana: activa en su grupo de jóvenes, buena alumna, afectuosa, conocida por su sonrisa amplia e inocente.

Hasta que llegó el momento de ir a la universidad. Tanto las llamadas como las cartas se iban espaciando y cuando se comunicaba lo hacía en un tono distante, casi duro, totalmente desconocido para sus padres. Janna ya no iba a la iglesia porque decía que "necesitaba un respiro de todo eso". Cada tanto sus padres oían, por parte de algún amigo, que no estaba asistiendo a clase, que bebía, que vivía de fiesta en fiesta. Cuando la confrontaron, no solo negó todo eso sino que parecía orgullosa de esa conducta que representaba un giro de ciento ochenta grados con respecto a la Janna de siempre. Y, ahora, esta carta que tenía Elaine en la mano: la expulsaron de la universidad.

"Cariño... ¡Necesitas volver al Señor!", le había rogado Elaine por teléfono minutos atrás. Janna había resoplado con fastidio, colgando el auricular. Elaine se sentía desesperanzada, sola, incluso aunque su esposo le tomó la mano. "¿Qué hacemos, Señor?", gemía.

Paul y Linda habían criado a su hijo Liam en una buena iglesia, basados en la Biblia, de modo que cuando se casó con Heather la chica parecía agradable. Pero Heather, aunque respetaba las convicciones de los "nacidos de nuevo", no las compartía. Para colmo, parecía que su nieto Josh tampoco tenía interés en Cristo.

Cuando Liam encontró marihuana y un fajo de billetes escondido en el armario de Josh, aquel explotó de ira y este se fue de la casa. Había pasado una semana desde entonces y no sabían nada de él. Luego, Liam llamó para avisar que Josh estaba en la cárcel.

Los dos, ya mayores, oraban por el matrimonio de su hijo y por su cada vez más rebelde nieto, pero durante meses todo pareció empeorar.

—¿Qué más podemos hacer, Linda? —preguntó Paul.

—No lo sé, Paul. Pero tiene que haber algo. ¿Qué quiere Dios que hagamos? ¡No podemos perder a nuestro nieto! —respondió ella, negando con la cabeza.

Ya habían pasado cinco años desde el divorcio, pero las cicatrices seguían abiertas para Pete y su hermana Marilyn, ya mayores y —ahora— solos. Sus padres seguían compitiendo con amargura por su atención, por lo que cada vez que los visitaban surgía algún punto en que se marcaban las diferencias. Si no hubiera sido porque ambos aceptaron a Cristo, estos hermanos se habrían sentido perdidos de veras.

Tanto Pete como Marilyn habían intentado transmitirles su fe a sus padres. Pero mamá decía:

—A ti te viene bien. Pero a mí no me hace falta.

Y papá era más abrupto todavía:

—Haz lo que quieras. Si necesitas muletas, está bien. Yo no las necesito. Además, ¿dónde estaba Dios cuando tu madre me dejó?

Marilyn sollozaba mientras hablaba con Pete por teléfono.

—Mamá y papá están envejeciendo. ¿Y si mueren sin conocer a Cristo? ¡Nunca más volveremos a verlos! —lloraba.

—Tengamos fe, hermanita. Sé que es difícil —le respondió Pete—. Nuestras oraciones no parecen tener respuesta. ¡No sé qué más podremos hacer!

¿Estás asintiendo porque alguna de estas situaciones te resulta conocida? ¿Tienes seres amados que se han apartado o todavía no han decidido si seguirán a Cristo?

Si la respuesta es un "sí", entonces este libro, *Cinco llaves para ganar a tu familia para Cristo*, es para ti.

Hace más de treinta años que mi espíritu ha estado nutriendo la concepción de este libro. Es un período de gestación muy largo, supongo. Pero creo que su nacimiento, tan anhelado, afectará profundamente al cuerpo de Cristo. Deseo profundamente y oro porque *Cinco llaves para ganar a tu familia para Cristo* brinde aliento, nuevas fuerzas y esperanzas a los creyentes que tanto esperan ver que sus hijos e hijas, madres y padres, hermanos y hermanas, se acerquen a Jesús.

De esto se trata lo que leerás en esta obra. Su propósito es ser una herramienta simple aunque potente y directa, para que el Espíritu Santo acerque a muchas personas a conocer personalmente a Cristo.

Nací de nuevo el 3 de enero de 1967, mientras bebía café en un restaurante con el reverendo John Wilkerson, pastor de mi hermana, que me llevó a conocer al Señor. Mi hermana, Judy Doxtater, se consagró a Cristo en 1964 mientras luchaba contra el cáncer (mal de Hodgkin).

Fue una batalla que al fin perdió pero, durante esa lucha, su progreso espiritual tuvo un impacto eterno. La salvación de Judy, su testimonio y su posterior muerte fueron catalizadores en una reacción en cadena por parte de personas de nuestra familia que se acercaron a Jesús —entre quienes me incluyo—, aunque un poco tarde.

Desde ese momento, y pasando por unas cuatro décadas de ministerio, he llegado a un punto que me lleva a querer transmitir lo que he aprendido a partir de las Escrituras y la experiencia, con respecto a las llaves que te permitirán llevar a tu familia —y también a tus amigos y compañeros de trabajo— a conocer al Salvador.

No hay nada que le duela más a un hijo de Dios que saber que sus familiares no salvos enfrentan la posibilidad de pasar la eternidad en el infierno, separados para siempre de la luz, el amor y la presencia de nuestro Creador. El deseo de verlos salvados tiene que latir con fuerza en el corazón de todo creyente sincero.

En 1971, en mi primera misión después de terminar mis estudios en la Escuela Bíblica, conocí a un hombre que se llamaba Nat Olson. Tendría un papel importante en eso de mostrarme el camino de las cinco llaves y en el desarrollo de este mensaje que hoy te comunico.

Nat y su familia asistían a la Iglesia del Tabernáculo de Betel, en Milwaukee, Wisconsin. Esta congregación, con un fuerte componente étnico alemán, nos invitó a mi esposa Jan y a mí para que fungiéramos como pastores de jóvenes y de la escuela. Allí conocimos a Nat, nuestra amistad se convirtió en una intersección ordenada por Dios, en una travesía espiritual que Jan y yo estábamos iniciando en ese momento.

En efecto Nat, que falleció en 2001 a los sesenta y cinco años, dejó una impresión perdurable en todos los que le conocieron. Era el ejemplo "modelo" de lo que es una persona sociable y un cristiano apasionado. Dedicó su vida a transmitir y difundir el amor de Jesucristo. Y Nat, ese que hizo surgir al pastor en mí, ¡empezó a hablarles de Jesús a los demás cuando tenía solo cinco años de edad!

Su padre, Pete (a quien llamaban "el evangelista cantor"), dirigía un programa radial diario que se emitió durante casi cuarenta años en Canadá y los EE.UU. Nat apareció en ese programa y, muy pronto, dirigía su propia transmisión para niños. Alentado por su madre, que amaba la poesía, Nat empezó a nutrir su don como autor y a los quince años publicó su primer libro, de más de una docena que escribió a lo largo de su vida.

Se graduó del Instituto Bíblico Central (hoy Universidad Bíblica Central) en 1948. Se casó ese mismo año con Shirley Bagley. Mientras ministraba en iglesias de todo el país, Nat fue durante nueve años guionista de *Refugio de Reposo*, un programa radial de Hollywood, California.

En 1970 se mudó con su familia a Wisconsin, donde fundó Familytime Ministries. Allí dirigía un programa diario que se emitía por la radio con ese mismo nombre y brindaba servicios de consejería a los oyentes de su localidad.

Fue a través de Familytime que conocí el versículo central de Nat, que es Hechos 16:31:

> «Cree en el Señor Jesús;
> así tú y tu familia serán salvos».

Desde el día en que acepté a Cristo, he ganado almas y buscado con celo llegar a los perdidos. Nat estaba cortado por el mismo molde y su corazón tenía una ternura especial hacia los familiares que no conocían al Señor. Con los años, adopté la práctica de animar a las personas a leer y reclamar para sí esa promesa bíblica de Hechos 16:31. He visto cómo muchos de mis familiares se acercaron a Cristo, por lo que sigo firme, sin dejar de confiar en dicho versículo.

No hace mucho Dios habló a mi corazón a partir de todo ese pasaje que contiene la promesa clave, Hechos 16:16-34. Sucedió en Memphis, Tennessee, donde estaba predicando sobre la provisión de Dios y su bendición sobre el profeta Nehemías, tema de mi libro anterior, *The favor factor* [El factor favor].

Mi buen amigo y pastor Ron Woods me dijo algo que me sorprendió:

—Así que, Arni, ¿de qué vas a hablar el domingo por la noche?

Yo me había preparado para hablar el domingo por la mañana, pero este segundo compromiso me tomó desprevenido. Aún así, balbuceé:

—De evangelización en la familia.

Al menos, tenía un lindo tema general con el que todo el mundo podía identificarse, ¿verdad? Pero lo que no tenía era un sermón. En mi habitación del hotel, esa tarde dominical, oré pidiendo guía e inspiración, y Dios me dio las cinco llaves. Ese sermón marcó el nacimiento del mensaje que prediqué en miles de iglesias de todo el mundo con los años, el que ahora vuelco en este libro.

Siempre que hablaba de las cinco llaves, una de las primeras preguntas que la gente formulaba era: "¿Qué hay del libro que acompaña a este mensaje? ¡Queremos saber más!" Fue una interrogante que se hizo más amplia y frecuente cuando aparecí en el programa *Praise the Lord* [Alabado sea el Señor], de Trinity Broadcasting Network, en abril de 2009, cuyos animadores son el pastor Steve Munsey y su hijo, Kent.

Una vez más, hablamos sobre *El factor favor*. Pero enseguida pasamos a algo más —creo que fue porque así lo dispuso el Espíritu Santo— ya que mencioné que el favor de Dios viene cuando acercamos a las personas a Cristo. La conversación entonces cambió de rumbo y pasamos a mi mensaje sobre las cinco llaves y los planes en cuanto a este libro.

Mostraron nuestro sitio de Internet en pantalla (www. arnijacobson.com) durante unos segundos, y a los pocos minutos ya había cientos de visitantes que preguntaban cómo podían conseguir el libro. ¿Recuerdas que hace un momento utilicé la metáfora del embarazo en referencia al mensaje de las cinco llaves? Bien. Ese fue el instante en que comenzó el trabajo de parto. Puesto que Dios había decidido que sería un parto rápido.

Cuando leas y apliques los principios de las cinco llaves en tu familia, vamos a creer juntos en Dios, ¡en su promesa de una gran cosecha de almas y familias unidas en Cristo!

Recuerda que Números 23:19 nos dice:

"Dios no es un simple mortal
para mentir y cambiar de parecer".

Así que, podemos creer en la promesa de Hechos 16:31:

"Cree en el Señor Jesús;
así tú y tu familia serán salvos".

En los capítulos que siguen aprenderás estos principios, dados y prometidos por Dios, para ver cómo tu familia se acerca a Cristo. (Y recuerda que ¡es una promesa de Dios!)

1. *Ora* todos los días por tus familiares que no son salvos.

2. *Mantente firme* contra Satanás.

3. *Espera* un emocionante revuelo en tu familia.

4. *Crea* un entorno de adoración que te fortalezca.

5. *Cree,* desde lo más profundo de tu corazón, que tu familia vendrá a Cristo.

I
Primera llave:

Ora todos los días por tus familiares que no son salvos

*"Cree en el Señor Jesús;
así tú y tu familia serán salvos".*

—Hechos 16:31

I

PRIMERA LLAVE:

ORA TODOS LOS DÍAS POR TUS FAMILIARES QUE NO SON SALVOS

Hechos 16:16 dice:

> "Una vez, cuando íbamos al lugar de oración,
> nos salió al encuentro..."

El apóstol Pablo, junto con un discípulo de Jerusalén que se llamaba Silas, y Lucas, médico y escritor, además del joven Timoteo, se dirigían al río Gangites en la provincia romana de Filipos, para orar con los pocos judíos del área. No sabían que entrarían en pruebas espirituales y físicas que les llevarían a enfrentar cara a cara al maligno.

3

Hablaremos un poco más sobre esto en un momento. Por ahora, pensemos en esas palabras, "nos salió al encuentro". Es una frase que me encanta. Porque podríamos decir que soy del tipo que ama los "encuentros". ¡Amo los encuentros que Dios ordena en mi vida! Así que, en el principio de este asombroso pasaje de las Escrituras, aparece esto del encuentro que, además, me recuerda un clásico de Bill Gaither: "Me ha tocado", y todo lo que eso implica, que describe que con solo tocarnos, Dios nos satisface a plenitud.

Para guiar a tu familia a Cristo, tendrás que empezar por la oración. Así es como se produce el encuentro. Es la oración la que abrirá la puerta para dar lugar a las promesas de Dios. Así de simple —y de profundo— es esto: es una verdad que Dios ha estado plantando en mi corazón.

Te presento un desafío: anota en una lista los nombres de tus familiares que no son salvos (al final del libro encontrarás un formulario que te servirá de modelo). Ora a diario por su salvación. Hazlo por la mañana, antes de hacer cualquier otra cosa. Busca a alguien que ore contigo, recordando otra de las promesas de Dios:

> "Porque donde dos o tres
> se reúnen en mi nombre,
> allí estoy yo en medio de ellos."
> —MATEO 18:20

La versión de la Biblia en inglés, llamada *The Message* [El mensaje] lo dice así:

> "Cuando dos de ustedes se reúnan
> por algo de esta tierra
> y hagan de ello una oración,
> mi Padre que está en los cielos entra en acción.
> Y cuando… se reúnan por mi causa,
> pueden estar seguros de que allí estaré".

Conozco un buen ejemplo de que eso sucede así. Fue cuando un buen amigo mío, el Reverendo Gary Batt, despertó porque el espíritu del Señor interrumpió su sueño. Había estado orando conmigo todo el tiempo, por el mensaje de las cinco llaves. Y, de repente, el Señor puso en su mente estas palabras: "Dile a Arni que muchos de mis hijos han bajado los brazos y no oran por sus parientes. Diles que empiecen a orar de nuevo ¡y verán los avances!"

Puedes hacerlo de muchas formas. Por ejemplo, cuando transmití el mensaje de las cinco llaves en Church on the Green, en Sun City, Arizona, conocí a varias damas muy dulces, ya jubiladas, que habían iniciado un ministerio por Internet, llamado "Madres unidas por la oración" en www.mom-interceding. blogspot.com. En la introducción del blog, la líder de este grupo de damas Carolyn Schwenk, se describe como hija de un ministro, felizmente casada, madre, abuela y bisabuela, además de enfermera jubilada que vive con su esposo en una comunidad para jubilados. Pero explica que no se ha jubilado del servicio a Dios, ni de la misión de orar por su familia y los seres amados de otras personas.

"Hace un par de años el Espíritu Santo hizo nacer en mí la pasión por orar e interceder por la salvación de los hijos de nuestra familia de la iglesia, que habían dejado la fe. He sido bendecida con un grupito de bellísimas hermanas en la oración", escribe Carolyn. "Juntas, hemos estado orando una mañana por semana... por nuestros hijos y nietos que no son salvos. Nos mantenemos firmes en la oración contra las tinieblas espirituales, creyendo que Dios bendecirá a cada uno, con el deseo y la pasión de servirle".

Su blog contiene también enlaces con música y videos cristianos, y otros sitios de Internet que apuntan a edificar y fortalecer la fe. Pero la pasión de Carolyn, y la de las señoras que se arrodillan con ella, es orar por los familiares no salvos de las personas creyentes.

Estas guerreras espirituales muestran que las madres y las abuelas que oran han sido y siempre serán capaces de "estremecer al reino", como dicen algunos. Mi madre conoció a Cristo cuando tenía más de cincuenta años. Fue mi hermana, Judy, quien

la llevó a ella y también a mi padre a conocer al Señor, desde su habitación del hospital, poco antes de morir a los 26 años de edad.

Para nuestra familia, la reacción en cadena de Hechos 16:31 comenzó en ese momento.

Ahora, los Jacobsons por supuesto habíamos oído hablar de Jesús desde hacía tiempo ya. Todos habíamos crecido asistiendo a una iglesia protestante, de las tradicionales. Pero esa congregación estaba tan empantanada en sus siglos de rituales y tradiciones, que ya no predicaba en realidad una experiencia de salvación personal, de nuevo nacimiento, como la de Juan 3:16.

Hoy, recordando a los familiares que llegaron a conocer personalmente a Cristo a causa del tsunami espiritual del testimonio y las oraciones de mi hermana, me pregunto en qué lista de oración habremos estado mis padres, Judy, mis hermanos y yo.

Hace mucho, mientras meditaba en esa cuestión, pude recordar una conversación que tuve con mi padre. Me había hablado de mi bisabuela Wilhelmina Jacobson, miembro activo de una iglesia bautista. La bisabuela había llegado a este país desde Suecia, en el siglo diecinueve. Y se fue a vivir a Door County, Wisconsin (si has visitado Door County, sabrás que se parece mucho a Suecia especialmente en el invierno, porque uno de los Grandes Lagos abraza una península nórdica. Hace muchísimo frío y la nieve lo cubre todo. Tal vez, por eso ella y otros inmigrantes suecos eligieron ese lugar. ¡Es que nadie quería ir a vivir allí!)

La bisabuela se casó y crió a sus hijos, incluyendo a mi abuelo Enoch, para que sirvieran al Señor. Pero cuando Enoch Jacobson conoció a mi abuela Emma y se casó con ella, decidió pasarse a la iglesia de su esposa, que era de la misma denominación en la que me criaron a mí. El abuelo había dado vuelta a la página en su vida espiritual, y se había alejado del mensaje de salvación, claro y contrastante, con su cielo y su infierno, ese mensaje de los bautistas de su juventud. Su nueva comunidad cristiana era más liberal, con una teología que ya no predicaba ese fuerte compromiso personal con Cristo.

Cuando mi padre Arnold Jacobson era pequeño, solía ir de visita a la granja de la abuela. Ella siempre se aseguraba de que su nieto oyera un mensaje evangélico simple y claro: "Arnold, tienes que nacer de nuevo". Papá también recordaba haber oído a esa mujer de Dios orando por él, cuando no sabía que el chico la estaba oyendo: "Señor, que Arnold pueda conocer a Cristo, y que sus hijos también lo conozcan".

Esa oración, de hacía ya tantos años, que pronunciaba una ancianita sueca arrodillada en una granja de Door Country, fue respondida décadas después en una habitación hospitalaria de Kenosha, Wisconsin.

También fue por la respuesta a esa oración que estoy escribiendo hoy este libro.

Mi hermana Judy era una joven madre que esperaba su tercer bebé, cuando notó que tenía un bulto en el cuello. La biopsia dio como resultado un diagnóstico médico que en 1963 equivalía a una sentencia de muerte: mal de Hodgkin en etapa avanzada. Los médicos pronosticaron que en el mejor de los casos, usando los tratamientos más agresivos de que se disponía entonces, Judy viviría poco menos de dos años más.

Cuando a Judy le dieron esa noticia tan devastadora, la oyó también la mujer que estaba en la cama vecina. Se llamaba Millie Scott. Era una dama cristiana, que por su compasión y compromiso con el Señor se vio movida a transmitirle a mi angustiada hermana su testimonio de salvación personal. Millie invitó a Judy a ir a su iglesia, la Primera Asamblea de Dios, en Kenosha.

Judy fue a la iglesia y oyó hablar al reverendo David Wilkerson, autor de *La cruz y el puñal*. Al terminar su mensaje, el predicador invitó a las personas a entregarles su vida a Cristo, y Judy lo hizo.

Mi hermana vivió tres años más, casi el doble de lo que habían pronosticado los médicos, bajo lo que consideraban podrían ser las mejores condiciones médicas. En esos años que Dios le regaló de más,

Judy personalmente llevó a más de cien personas a la iglesia, para que escucharan el evangelio.

Mis padres fueron los últimos a quienes Judy llevó al Señor, antes de morir. Tres días después de que pronunciaran la oración del pecador, Judy murió. La iglesia estaba llena de gente, no alcanzaban los asientos el día de su funeral y la procesión de autos que se dirigían al cementerio ocupaba kilómetros. Judy afectó muchas, muchas vidas.

Fue cuatro meses más tarde, en un restaurante Howard Johnson de Chicago, que el pastor John Wilkerson (primo de David) me llevó a conocer al Señor. Ese fue el último triunfo de Judy, y yo era la última persona que podría esperarse que la siguiera para conocer a Cristo. En efecto, poco antes de morir le había dicho a mi hermano Dave que creía que Dios podía salvar a quien fuera, excepto a su cínico y bebedor hermano Arni, tan negativo siempre cuando le contaba sobre la salvación de alguien. Pero Dios sabía que por dentro, el testimonio de mi hermana me dejaba blando como un malvavisco. Es que la oración funciona.

Durante muchos años trabajé en la junta de la conocida Iglesia Yoido Full Gospel, de Seúl, en Corea del Sur. El pastor David Yonggi Cho podría contarte que levantó esa iglesia de 830,000 miembros, sobre el cimiento de la oración. Miles y miles de familias de esa nación asiática entraron en el reino de Dios solo

por la oración (te contaré más sobre el doctor Cho un poco más adelante).

¡Cuando oras las cosas suceden! No te desalientes. La demora en la respuesta a tu oración por tus seres amados perdidos, no es una negativa.

Quiero terminar este capítulo con una historia real, una de mis días en que ministraba en Salt Lake City, Utah, en la década de 1980.

Ruth comenzó a asistir a mi iglesia después de que muriera su esposo, un ministro bautista de muchos años, de Utah. El sucesor de su esposo en el púlpito, a quien aparentemente preocupaba la continua influencia de Ruth, dejó bien en claro que no quería a esa dulce señora en la iglesia que ahora le pertenecía. Dolida, pero también con el deseo de darle a ese nuevo ministro el comienzo que tanto quería, Ruth se fue y empezó a asistir a la iglesia en la que yo cra pastor.

Ruth había crecido en las afueras de Nueva York. Sus padres oraban por ella y su hermano John todo el tiempo. Su familia tenía una panadería y eran creyentes nacidos de nuevo, consagrados al Señor, que querían lo mismo, el mismo don de gracia para sus hijos. Ruth siguió ese camino y se casó con un predicador (¡mi esposa Jan te dirá que con eso basta para que Ruth sea una santa!). Su hermano Johnny, sin embargo, se alejó de Cristo después de enrolarse en las fuerzas armadas durante la Segunda Guerra Mundial.

Hasta entonces Johnny había sido un joven cristiano, simpático y agradable. Hasta había sentido el llamado a ser ministro. Pero para cuando terminó la guerra, era un alcohólico sin esperanzas. Al tener que ocuparse del negocio de la familia, lo único que logró fue llevarlo a la quiebra. Después, perdió a su familia porque se divorció y en pocos años más, vagaba por las calles en constante estado de ebriedad. Era un vagabundo como cualquier otro de los que te cruzas por la calle, mendigando unas monedas.

Pero su hermana Ruth, junto con su madre y su padre, seguían orando porque ese hijo que se había desviado finalmente regresara a Cristo. Los padres de Johnny murieron sin llegar a ver la respuesta a esas oraciones. Pasaron unas décadas más, y Ruth era ya la viuda de un pastor que vivía en Salt Lake City.

Un día, Johnny se le aparece ante la puerta de la casa sucio, maloliente, hediondo a alcohol y a la mugre de las calles. Ruth lo recibió y lo alojó. Hizo lugar para él en el sótano de su casa. Johnny pasaba sobrio algunos días, pero cuando llegaba su cheque del seguro social, desaparecía y bebía hasta quedar inconsciente. Días después volvía a la casa de Ruth, con la ropa manchada por su propio vómito y su excremento.

Muchas veces ayudé a Ruth a lavar y limpiar a su hermano. Lo atendía y cuidaba hasta que volvía a la sobriedad. Pero el ciclo siguió repitiéndose, una vez tras otra. Así pasaron unos seis meses y un sábado por la tarde, mientras veía un partido de fútbol universitario —justo en el medio del partido— sentí la gran necesidad de ir a ver a Ruth. Es que ahora era una muy querida amiga de nuestra familia, algo así como una abuela suplente para nuestros hijos, por lo que Jan y yo la queríamos mucho.

Al llegar a la casa de Ruth y avanzar por la entrada de los autos, vi que salía a recibirme. Se veía sorprendida y aliviada a la vez.

—Pastor, ¡no puedo creer que haya venido! Acabo de llamar a Jan. Me dijo que usted estaba llegando. Es que, ¡Johnny se muere!

Ruth me dijo que había ido al cuarto de su hermano y que él estaba en la cama, casi muerto. Juntos fuimos hasta su lecho. Se veía tan mal como lo había descrito Ruth. Estaba flaco, pálido, gris y frío. Se notaba que había llegado su hora, y que no le quedaba mucho tiempo. Con voz muy débil repetía: "Señor, ten misericordia de mí, que soy pecador".

Con una gran sensación de urgencia me arrodillé junto a él.

—Johnny —le pregunté—, ¿quieres entregarle tu vida a Cristo?

—Sí, pastor Arni —susurró. Y juntos dijimos la sencilla oración del pecador, allí junto a su cama—: "Querido Jesús, soy pecador. Entra en mi vida y perdona mis pecados". Este hombre, torturado, finalmente pudo encontrar la paz, y las oraciones de sus padres ya muertos desde hacía años, tenían su respuesta aquí. Literalmente con su último aliento, Johnny dijo: "Amén". Y murió.

¿Por qué cuento esta historia? Para ilustrar que esos padres cristianos de las afueras de Nueva York, y que habían muerto a mediados de los años cincuenta del siglo pasado, recibieron respuesta a su oración por su hijo perdido, décadas más tarde.

¿Puedes imaginarte la escena en el cielo, con esos padres abrazando a su hijo? ¿A este otro hijo pródigo, que finalmente había llegado a su hogar? Es que Johnny ahora estaba en su hogar. Es como el hijo del que habló Jesús en Lucas 15:32: "Este hermano tuyo estaba muerto, pero ahora ha vuelto a la vida; se había perdido, pero ya lo hemos encontrado".

Nunca bajes los brazos. Nunca te rindas. Jamás. Porque las demoras no son negativas cuando se trata de nuestras peticiones —por las almas de nuestros seres amados— al Padre amoroso.

No. No dejes de orar ni te rindas. Porque Dios no se rinde.

Puntos para recordar

1. Todo comienza con la oración. Lo primero, cada mañana. Si dejaste de hacerlo, empieza otra vez, ahora mismo.

2. Busca a un compañero de oración. Jesús promete que estará allí con ustedes.

3. La demora en responder no significa que sea negativa.

2
Segunda llave:

Mantente firme
contra Satanás
(Espera la oposición
demoníaca)

*"Cree en el Señor Jesús;
así tú y tu familia serán salvos".*

—Hechos 16:31

2

SEGUNDA LLAVE:

MANTENTE FIRME CONTRA SATANÁS (ESPERA LA OPOSICIÓN DEMONÍACA)

Volvamos a Hechos 16 por un momento y veamos qué sucedió con Pablo, Silas, Timoteo y Lucas (que escribió el libro de los Hechos). Se habían reunido con un grupito de judíos como ellos para orar junto al río Gangites en las afueras de la ciudad de Filipos. Antes, habían conocido y convertido allí a una mujer que se llamaba Lidia, y la bautizaron y también a toda su familia. Esta vez, sin embargo, leemos:

... nos salió al encuentro una joven esclava que tenía un espíritu de adivinación. Con sus poderes ganaba mucho dinero para sus amos. Nos seguía a Pablo y a nosotros, gritando: "Estos hombres son siervos del Dios Altísimo, y les anuncian a ustedes el camino de salvación". Así continuó durante muchos días. Por fin Pablo se molestó tanto que se volvió y reprendió al espíritu: "¡En el nombre de Jesucristo, te ordeno que salgas de ella!" Y en aquel mismo momento el espíritu la dejó.

—Hechos 16:16-18

La versión bíblica en inglés *The Message* [El Mensaje], dice:

"Pablo, que ya estaba harto,
se volvió y le ordenó al espíritu que la poseía:
'¡Fuera! ¡En el nombre de Jesucristo
te ordeno que salgas de ella!'
Y se fue, así como así".

Pablo y su grupo realmente se habían metido en problemas. Porque cuando echó a aquel espíritu de adivinación, la joven perdió su "don" y con ello, sus amos perdieron su fuente de ganancias. Esos enfurecidos empresarios buscaron a Pablo y Silas, los maltrataron y los llevaron a rastras al mercado, para

una audiencia arreglada a último momento ante los magistrados locales. Un simulacro.

Decían: "Estos hombres son judíos", buscando avivar el antisemitismo y, como es obvio, esperando despertar así las emociones que generaba el reciente ataque contra la comunidad judía de Roma por parte del Emperador Claudio, y la antipatía hacia los judíos en general.

> "Están alborotando a nuestra ciudad,
> enseñando costumbres que a los romanos
> se nos prohíbe admitir o practicar".
> —HECHOS 16:20-21

La multitud, a la que se sumaban los magistrados ávidos por complacer al emperador, atacó a Pablo y Silas. Los desnudaron, los azotaron hasta hacerles sangrar y luego los echaron en un sucio y oscuro rincón de la prisión local. Allí, pusieron a Pablo y a Silas en el cepo. Estaban en lo que para ese momento del primer siglo era una prisión de máxima seguridad.

¿Con quiénes estaban allí? Con los peores criminales de la época, la mayoría bajo sentencia de muerte: asesinos, violadores, maltratadores de niños y otros de esa misma calaña. Eran *chicos malos* de verdad. Y la prisión era *mala* en verdad. No había cama, ni lavatorio ni excusado. Lo único que había era una cuneta donde los presos hacían sus necesidades. No había duchas ni sistema de filtración de aire. Imagínate el olor, las ratas, los insectos y los ciempiés que circulaban por allí. Como decía un tío mío, hasta un gusano se ahogaría de asco.

Así que, Pablo y Silas estaban acusados de iniciar una revuelta. Y, seguro que había surgido en Filipos. Pero por parte de gente furiosa y vengativa, amos de una esclava poseída por un demonio a quien ya no podría usar para lucrarse, que mentía contra estos dos hombres de Dios. En otras palabras, Satanás mismo era quien había iniciado la revuelta, aunque Dios iba a darles vuelta a las cosas. Sigue leyendo.

Cuando presentas a tus seres queridos ante Dios en oración, y actúas usando las cinco llaves, también debes esperar que surja una revuelta, bajo la forma de oposición demoníaca (e incluso, una revuelta en tu propia familia, pero de esto hablaremos después).

Quiero preguntarte algo: ¿Qué es lo que más le molesta al diablo en cuanto a lo que pueda suceder en tu vida o en la de tus seres amados? En lo más profundo de su negro corazón, Satanás detesta la idea de que los hijos de Dios se reconcilien con su Creador. Sí, así es. Y así ha sido desde el principio:

La serpiente era más astuta que todos los animales del campo que Dios el Señor había hecho, así que le preguntó a la mujer: ¿Es verdad que Dios les dijo que no comieran de ningún árbol

del jardín? Podemos comer del fruto de todos los árboles respondió la mujer. Pero, en cuanto al fruto del árbol que está en medio del jardín, Dios nos ha dicho: No coman de ese árbol, ni lo toquen; de lo contrario, morirán. Pero la serpiente le dijo a la mujer: ¡No es cierto, no van a morir! Dios sabe muy bien que, cuando coman de ese árbol, se les abrirán los ojos y llegarán a ser como Dios, conocedores del bien y del mal. La mujer vio que el fruto del árbol era bueno para comer, y que tenía buen aspecto y era deseable para adquirir sabiduría, así que tomó de su fruto y comió. Luego le dio a su esposo, y también él comió. En ese momento se les abrieron los ojos...

—Génesis 3:1-7

El objetivo de Satanás, tanto entonces como ahora, siempre ha sido romper la relación de amor, cercanía y confianza que Dios tiene designada para cada uno de nosotros. El diablo busca retorcer la verdad y hacer que nos desviemos, como lo hizo con nuestros padres originales, Adán y Eva, para que quedemos eternamente separados de nuestro Creador.

Y lo logró. Porque a causa de ese pecado original y el diluvio de pecados que la humanidad ha cometido desde el Jardín del Edén hasta hoy, estamos —sin Cristo y sin el inmerecido favor, gracia y perdón que nos dio el Hijo de Dios con su sacrificio en la cruz—separados del Señor de la vida.

Cuando tomas conciencia del angustioso destino de la humanidad sin Cristo, del oscuro destino espiritual que les espera a tus familiares perdidos si entran en la eternidad sin abrazarse al perdón de Dios, no puedes quedarte quieto. Tienes que actuar. Y cuando lo haces y envías una corriente estable de oración intercesora —por esos hijos, hijas, padres y demás personas— hasta el trono de Dios, no esperes que el enemigo se quede de brazos cruzados.

Tienes que saber que el diablo se levantará contra ti. Él y sus legiones de demonios atacarán, y harán todo lo que puedan para desalentarte, para que dejes de luchar, para distraerte de tu misión a fin de que no veas a tus seres queridos en los brazos de Jesús. Todo impedimento, enfermedad o palabras hirientes que te lleguen desde donde menos lo esperes —incluso de parte de esos mismos familiares a los que intentas llevar a Cristo—, vendrán con espíritu de desaliento y desesperanza.

Tal vez iniciaste esa jornada de querer llevar a tus parientes perdidos a Dios para que se salven hace años ya, pero luego retrocediste y perdiste esa determinación inicial porque el contraataque demoníaco te agotó.

Quiero hacerte otra pregunta para que reflexiones. Digamos que tengo dos hijos y tú también. Ninguno de ellos conoce a Cristo (agradezco que en realidad mi hijo y mi hija sirven al Señor, pero vamos a usar este ejemplo para que entiendas algo, nada más).

Imaginemos entonces que Dios me dice: "Arni, puedes hacer que tus dos hijos conozcan a Cristo o que sean salvos los otros dos. Decide quiénes irán al cielo conmigo y quiénes se irán al infierno". Por supuesto, Dios jamás exigiría algo así, pero solo para ilustrar esto que quiero decirte, ¿qué pasaría si lo hiciera?

Como cualquier otro padre humano, yo elegiría a mis propios hijos sin pestañear siquiera. No quiero que mis hijos vayan al infierno, ni que ninguno de mis familiares o parientes acaben en ese lugar de eterno tormento, lamentos y separación de todo lo que es bueno, de todo lo que es Dios.

Quiero detenerme un momento aquí para ocuparme de una tendencia perturbadora que he notado últimamente en el pueblo de Dios: la de minimizar o hasta ignorar la realidad del infierno. Necesito decirlo tan claramente como sea posible: el infierno es un lugar real, existe.

Es más, creo que algunos necesitamos ver el infierno con nuevos ojos. En su libro *23 minutes in hell* [23 minutos en el infierno], Bill Wiese escribe acerca de una experiencia extracorpórea durante la cual cree que Jesús lo llevó a ver los horrores del infierno. El propósito: que diera testimonio de la realidad de este lugar, ante un mundo cada vez más complaciente que prefería minimizarlo o ignorarlo del todo como algo inventado, al estilo del hombre de la bolsa o el cuco, solo para que nos portemos bien.

Su libro ha sido un éxito de ventas, por lo que Bill es un muy solicitado disertante acerca del tema. Pero dice que no fue la motivación de ganar dinero con su experiencia lo que le hizo escribir su libro. Le iba bien trabajando en el mercado inmobiliario del sur de California, pero sintió que tenía que contar la verdad sobre esta aterradora visita al reino de Satanás.

El calor insoportable, las llamas —aunque todo estuviera impenetrablemente oscuro—, el aislamiento, los lamentos, la agonía y la desesperanza, todo multiplicado por el dolor y el miedo angustiante de esa existencia junto a Satanás y sus seguidores llenos de odio. Eso es el averno que describe en gran detalle *23 minutos en el infierno*. Pero Weiss además destaca la compasión de Cristo, el guía de Bill en ese "paseo" que parecía destrozar su alma.

Bill escribió que Jesús dejó en claro que nuestro Padre celestial no solo ve nuestras lágrimas por los que se arriesgan a una eternidad sin Su perdón y Su gracia, sino que además Sus propias lágrimas llenarían un océano sin costas, que no podría contenerlas.

El infierno jamás fue algo que Dios haya ordenado para Sus hijos humanos. Somos creación de Él, hechos a Su imagen, y nos dio vida con el aliento de Su

Espíritu. No. El infierno es para Satanás y sus ángeles rebeldes, y Dios no escatimó nada —ni siquiera a Su Hijo, que entró en el tiempo y el espacio para vivir, enseñar, morir en la cruz y resucitar a la vida—, a fin de pagar el rescate que borraría las consecuencias de nuestros propios pecados.

"La razón por la que me mostró eso fue para que trajera un mensaje de advertencia", escribió Bill. "Mi historia no es de condenación, sino de información: el infierno es un lugar real, un lugar que existe. Dios desea que nadie vaya allí. Pero el hecho, triste y sencillo es que hay gente que decide ir al infierno todos los días".

Eso no significa que Dios no hará todo lo posible por atraer a los seres amados que están perdidos, a su enorme corazón, tan lleno de perdón. Porque a lo largo de la historia humana, Dios ha ofrecido siempre un contrato directo de compasión: *Su pacto.*

Dios quiere que sepas lo siguiente: Este pacto de Hechos 16 es un contrato que no cambia, que no se puede negar, un contrato blindado y sellado que, a través de la fe, se cumple en el cielo mismo. Es el medio que Dios eligió para dar rienda suelta a Su ilimitado poder, de modo que los que tanto amas lleguen a un punto en el que decidan, con pleno conocimiento del engaño y las tretas de Satanás, quitarse ese velo de sus ojos.

Así que sí, el infierno existe. Jesús advirtió varias veces al respecto durante su ministerio en la tierra. Quince veces habló del infierno en los evangelios y una vez más en el libro del Apocalipsis, donde se le apareció al apóstol Juan. En el Evangelio de Lucas, Cristo predicó acerca del infierno con la parábola del joven rico y el pobre Lázaro.

Jesús habló de la autoindulgencia y el extravagante estilo de vida del rico: vestía con las mejores ropas y comía en lujosos banquetes. Pasaba sus días en medio del lujo. Pero a poca distancia de la mesa del rico, en la puerta de su propiedad, estaba Lázaro. Las Escrituras lo describen:

> "cubierto de llagas y que hubiera querido llenarse el estómago con lo que caía de la mesa del rico. Hasta los perros se acercaban y le lamían las llagas".
>
> —Lucas 16:20-21

Muy bien, lo diré al estilo Arni: Lázaro era un vago. Y tal como resultaron las cosas, el mendigo y el rico murieron al mismo tiempo. Lázaro, que tanto había sufrido en la tierra, va al cielo. Hasta lo escoltan los ángeles. El rico fue hacia el sur... bien abajo... al infierno.

En el infierno, en medio de sus tormentos, el rico levantó los ojos y vio de lejos a Abraham, y a Lázaro junto a él. Así que alzó la voz y lo llamó: "Padre Abraham, ten compasión de mí y manda a Lázaro que moje la punta del dedo en agua y me refresque la lengua, porque estoy sufriendo mucho en este fuego". Pero Abraham le contestó: "Hijo, recuerda que durante tu vida te fue muy bien, mientras que a Lázaro le fue muy mal; pero ahora a él le toca recibir consuelo aquí, y a ti, sufrir terriblemente. Además de eso, hay un gran abismo entre nosotros y ustedes, de modo que los que quieren pasar de aquí para allá no pueden, ni tampoco pueden los de allá para acá".

—Lucas 16:23-26

El rico, viendo que sus esperanzas se hacían añicos y que amaba a su familia, desde el infierno mismo rogó porque pudieran escapar de tan terrible destino:

"Él respondió: Entonces te ruego, padre, que mandes a Lázaro a la casa de mi padre, para que advierta a mis cinco hermanos y no vengan ellos también a este lugar de tormento". Pero Abraham le contestó: "Ya tienen a Moisés y a los profetas; ¡que les hagan caso a ellos!" "No les harán caso, padre Abraham —replicó el rico—;

29

en cambio, si se les presentara uno de entre los muertos, entonces sí se arrepentirían".

—LUCAS 16:27-30

Su pedido no le fue concedido. El rico podría o no volver a ver a su familia, junto a él en su tormento. Abraham dejó bien en claro que dependería de ellos, en cuanto y en tanto hicieran caso a las advertencias que se les daban en las Escrituras y la profecía.

Esa es la simple verdad. Cuando mueran tu hermano, tu hermana, tu mamá y tu papá, así como todos tus familiares que no conocen a Cristo, su destino será el infierno. Suena feo, pero es la verdad. Es la Biblia, y no Arni Jacobson, quien lo afirma. Esta verdad bíblica me mueve e impulsa y también debiera impulsarte a ti.

Es en el aquí y el ahora que debemos llegar a nuestros seres amados. Esta es una guerra a todo o a nada, entre los santos de Dios y Satanás.

¿Dices que eres militante? Sí, claro. Necesitamos tomarlo en serio —ser militantes— porque es una lucha por nuestros hijos, hijas, hermanos, hermanas, padres, tíos, tías, primos y todos nuestros seres queridos. Ese viejo himno que dice: "Firmes y adelantes, huestes de la fe, sin temor alguno que Jesús nos ve..." y que habla de la cruz como estandarte y enseña, es algo que tiene que movernos a actuar, y no causarnos aburrimiento hasta bostezar.

30

Así que, ora y recluta a más gente para que sean guerreros de oración, en la causa por tus seres amados. Ve al frente y espera la batalla. Pero recuerda que estamos en el equipo vencedor. ¡En los últimos capítulos de la Biblia tienes el final ya relatado!

Nunca dejes de orar. *Jamás*. Dios no se da por vencido. Tampoco puedes hacerlo tú.

Puntos para recordar

1. Mantente firme en contra de Satanás y espera la oposición demoníaca.

2. El infierno es un lugar que existe. Dios no quiere que nadie vaya allí.

3. Dios tiene un pacto contigo, para llevar a tu familia a la cruz.

3
TERCERA LLAVE:

ESPERA UN REVUELO
EN TU FAMILIA

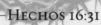

*"Cree en el Señor Jesús;
así tú y tu familia serán salvos".*

—HECHOS 16:31

3
TERCERA LLAVE:

&

ESPERA UN REVUELO
EN TU FAMILIA

Después de las aventuras de Pablo y Silas en Filipos, que leemos en Hechos 16, nos enteramos del revuelo causado por las influencias satánicas que operaban a través de las mentiras de aquellos que habían perdido su fuente de ganancias con la joven esclava adivina a quien Pablo liberó de la posesión demoníaca en el nombre de Jesús.

Descubrimos entonces la clave número tres y la siguiente advertencia: cuando oras en serio por la salvación de tus familiares perdidos, prepárate porque habrá revuelo. Cuando tus seres amados comiencen a acercarse a Cristo —y así será cuando empieces a aplicar estas llaves para encender los motores de la promesa de Dios—, el infierno desplegará todo su arsenal. Y habrá revuelo. Vendrá de parte de los que no son salvos en tu familia. Lo sé porque lo viví y, en cierta medida, ¡me sigue pasando!

En la introducción, te conté que le debo mi salvación a Judy, mi hermana. Es una historia que relaté en detalle en *Favor Factor* [El factor favor]. No voy a repetirla aquí, pero sí puedo destacar algunos puntos que tienen que ver con la clave número tres.

Cuando Judy nació de nuevo, en nuestra familia hubo revuelo. Y aunque puedo decirte hoy que la transformación de su vida preparó el camino para que yo aceptara a Cristo, al Espíritu Santo le llevó más de tres años llevarme hasta ese punto. Meses después que muriera Judy fue que hice la oración del pecador con el pastor Wilkerson en aquel restaurante.

Antes de dar ese paso, mis hermanos y mis padres ya habían aceptado a Cristo. A medida que más personas de mi familia se acercaban al Señor, los que todavía no éramos salvos —y yo me contaba entre ellos—, recibíamos ese hecho con reacciones que iban desde la burla a esos evangélicos "nacidos de nuevo" hasta los celos por la nueva paz y felicidad que

mostraban. Incluso había reacciones de ira ante el convencimiento de que vivíamos en pecado, cuando nos comparábamos con las vidas transformadas de nuestros parientes que habían aceptado a Cristo.

Y cuando al fin nací de nuevo, esas reacciones se volvieron en contra de mí, el vendedor convertido en predicador. Un amigo mío de la escuela secundaria me dijo:

—Arni, te han lavado el cerebro.

—Sí, así es Dick. ¡Tenía un cerebro sucio y viejo que necesitaba un buen lavado! —respondí.

Otros decían: "Esas iglesias solo quieren tu dinero. ¿Cómo puedes dejar la denominación en la que te criaron para irte con esos locos santurrones?"

Pero siempre, y apuesto a que también te sucede, los que están afuera y critican tu decisión de seguir a Cristo se enfocarán en el dinero. Claro, es que oyen hablar del diezmo y dicen: "Ah, ¿ves que solo quieren dinero?" No lo entienden. Después de aceptar a Cristo le dije a un pariente nuestro: "Sí, es verdad que doy el diez por ciento, mi diezmo. Pero antes, les daba el setenta por ciento a las tabernas, así que ¡mejoré un sesenta por ciento!

Como pastor, jamás he dado un paso atrás en la predicación sobre lo que la Biblia llama "las primicias" que hemos de dar a Dios como diezmo de nuestros ingresos. Y no me disculpo. Si vives según lo que sabes que es bueno y haces las cosas a la manera de Dios,

Él ha prometido que todos los de tu familia llegarán a Cristo antes que mueran. Ese paquete incluye la fidelidad en tu estilo de vida, la oración, la adoración y sí, también el diezmo.

Ahora bien, no hay nada que me gustaría más que ver que Dios tomara una motosierra celestial, cortara un agujero en el techo de la iglesia y dejara caer un enorme montó de oro. ¿Te imaginas lo que sería tener que cargar eso en un camión para llevarlo al banco? Con el precio del oro en estos días, tendríamos cubiertas todas nuestras necesidades materiales.

Pero para Dios, que por supuesto podría hacer lo que te dije (bueno, tal vez no con una motosierra), es el principio del diezmo lo que vale. Él quiere que su pueblo participe en la provisión para la iglesia y su obra, que sacrifiquen algo, que recuerden de dónde procede su bendición.

Bien, de este "minisermón", vuelvo al tema del revuelo. La reacción de la que hablo también sorprendió a Bill y Mary. Es un matrimonio que vino de visita a nuestra iglesia de Green Bay, Wisconsin. Bill y Mary se sintieron muy a gusto con el servicio de adoración, por lo que ambos respondieron al llamado de invitar a Cristo a sus vidas. Tenían tres pequeños que con gran entusiasmo participaban de los programas para niños del ministerio. Toda la familia se bautizó y asistían a nuestra iglesia.

El revuelo del resto de sus parientes me asombró. Mary había sido criada en el seno de una familia católica romana de firmes convicciones, y su madre creía que quien no es católico está destinado al infierno. La madre de Mary era sincera en sus creencias pero, por supuesto, se equivocaba al limitar de ese modo la pertenencia a la familia de Dios. Y también erró el curso de acción que eligió.

De repente, les prohibió a su hija y a sus nietos que visitaran su casa. El papá de Mary quedó devastado. Él tenía una relación personal con Cristo, y seguía en la iglesia católica. Seamos claros: el don de Cristo no respeta ni selecciona denominaciones. Pero la oposición de la madre creó una dolorosa ruptura en la familia de Mary.

Aunque les dolió en lo más profundo, Mary y Bill se mantuvieron firmes en su nuevo andar en Cristo, por lo que su fe se vería recompensada de manera única.

Green Bay era una ciudad de más o menos cien mil habitantes, pero su fama era conocida mundialmente, por ser el hogar de los Green Bay Packers, un equipo de fútbol profesional. Sin ese equipo, suelo decir en broma, Green Bay sería como Fargo, en Dakota del norte (no digo que Fargo no sea un lindo lugar donde vivir, o que no les guste a los que viven allí, pero entiendes cuál es mi idea, ¿verdad?).

Los padres de Mary eran seguidores de los Packers desde hacía mucho tiempo. Les gustaba en especial el jugador con el número sesenta y seis, Ray Nitschke, el gran apoyador de la Liga Nacional. Fui yo quien tuvo el gozo de llevar a Ray y a su esposa a Cristo y, cuando en 1998 Ray murió de un ataque cardíaco, tuve el honor de oficiar su funeral. Fue una ceremonia en la que se habló mucho del cambio que había producido el Señor en su vida.

Esa tarde, el padre de Mary llamó e invitó a su hija a visitarlo, con su familia. Sorprendida porque se había levantado la prohibición, fueron enseguida. La madre de Mary, según resultaron las cosas, había visto el funeral por televisión, emitido por nuestra iglesia.

—Ahora entiendo por qué vas a esa iglesia —le dijo a Mary.

La ruptura, finalmente, había sanado.

Lo que quiero decir es que aunque en la familia de Mary hubo problemas porque ella, su marido y sus hijos habían nacido de nuevo, Dios siempre vence.

La Biblia promete que "serán perseguidos todos los que quieran llevar una vida piadosa en Cristo Jesús, mientras que esos malvados embaucadores irán de mal en peor, engañando y siendo engañados" (2 Timoteo 3:12-13). La versión de *The Message* [El mensaje] lo dice así:

Quien quiera vivir para Cristo estará
en problemas. No hay otra salida.
Los inescrupulosos mentirosos seguirán
haciendo mal uso de la fe.
Están tan engañados como las
personas a las que engañan.
Mientras sigan allí, todo empeorará.

Claro que el revuelo inevitablemente llegará cuando dediquemos nuestras vidas y oraciones a salvar a nuestros seres amados para que conozcan al Señor. Y seguro que te dolerá. En especial, las palabras hirientes que te dicen en tu cara. Pero también las burlas y el ridículo al que te exponen cuando hablan a tus espaldas. Eso te rompe el corazón.

Un viejo refrán dice: "A palabras necias, oídos sordos". Pero eso es mentira. Sé que no se puede hacer oídos sordos cuando algo duele tanto.

Sin embargo, te digo que no debes claudicar. Entrega tu dolor a Jesús, deja que Él se ocupe, y sigue orando.

Pablo y Silas, lastimados, sangrando y encerrados en la sucia prisión de Filipos, en compañía de criminales, tampoco claudicaron. Y no solo eso. ¡La Biblia afirma que realizaron un servicio de adoración a Dios a medianoche! No estaban en una linda iglesia con alfombras, calefacción y almohadones para sentarse, vestidos con su linda ropa dominical. Oraban y cantaban himnos mientras respiraban el aire fétido y maloliente de la cárcel. Fue algo extraño. Los demás presos escuchaban, tal vez con algo de admiración mezclada con asombro. O quizá, pensaron que se trataba de un espectáculo de locos. Pero de todos modos, escucharon.

Pablo y Silas estaban en la cárcel por causar problemas, allí los llevaron las falsas acusaciones y la oposición demoníaca. Ahora le tocaba a Dios. ¡Y el revuelo celestial le ganó tanto a los esfuerzos del diablo, que este se vería como un aficionado!

> De repente se produjo un terremoto tan fuerte que la cárcel se estremeció hasta sus cimientos. Al instante se abrieron todas las puertas y a los presos se les soltaron las cadenas. El carcelero despertó y, al ver las puertas de la cárcel de par en par, sacó la espada y estuvo a punto de matarse, porque pensaba que los presos se habían escapado.
>
> —HECHOS 16:26-27

El carcelero tenía buenos motivos para pensar en suicidarse antes que soportar lo que le esperaba por haber dejado que escaparan. Bajo las reglas de Roma, el carcelero que dejara escapar a un prisionero sufría la sentencia que le tocaba al preso. Y como se trataba de una cárcel de máxima seguridad, para

los criminales más terribles, lo más probable era que lo azotaran y lo ejecutaran. Es decir que le convenía más morir de manera rápida y menos dolorosa: una espada, clavada en el lugar adecuado, para una muerte casi instantánea.

Sin embargo, Dios tenía otros planes para ese carcelero. Hechos 16:28 declara:

> "Pero Pablo le gritó:
> ¡No te hagas ningún daño!
> ¡Todos estamos aquí!"

O como dice *The Message*:

> "Pablo lo detuvo.
> ¡No hagas eso!
> ¡Estamos aquí todavía!
> ¡Nadie ha escapado!"

Este milagro de medianoche en la antigua ciudad de Filipos tiene otro capítulo más: ninguno de los desesperados criminales escapó al tener la oportunidad de hacerlo. El carcelero pidió antorchas para comprobarlo con sus propios ojos: todos seguían allí, todas esas ratas forajidas, y también Pablo y Silas. Así que sintió asombro, gratitud y —al ver que se trataba de algo sobrenatural—, terror. De modo que cayó a los pies de Pablo, temblando.

"Señores, ¿qué tengo que hacer para ser salvo?", preguntó (Hechos 16:30). Ahora el carcelero pensaba más que en su breve vida mortal. Pensaba en una relación con ese Dios que podía hacer cosas como las que acababa de presenciar.

Pablo le respondió: "Cree en el Señor Jesús; así tú y tu familia serán salvos".

Esa parte de la historia siempre me conmueve. Digamos que estás en esa cárcel por haber ido a robar al Banco de Roma. Disparaste una flecha que dio en el corazón del cajero, y te sentenciaron a muerte. Entonces, ¡BUM!, hay un terremoto y se abren las puertas. ¿Te vas a quedar ahí para oír a unos tipos que cantan? Yo no lo haría. ¡Saldría corriendo!

Pero te quedas. Es un milagro, y esa es la segunda parte. Es que la unción de ese lugar es tan poderosa que no puedes moverte de allí.

Revuelo. Satanás sabe que lo han derrotado una vez más. El enemigo quería terminar con el crecimiento del evangelio en ese lugar llamado Filipos y hasta logró poner a Pablo y a Silas en la cárcel, con una pena equivalente a la muerte. Dios intervino y los salvó, y no solo a ellos sino también al carcelero y a toda su familia, cuando aceptaron a Cristo y fueron bautizados esa misma noche.

Aunque tú y yo, en verdad, algún día podríamos ir a la cárcel a causa de nuestra fe, lo cierto es que hoy el revuelo que creamos cuando oramos por nuestros seres amados que no son salvos, adopta otras formas. Aún así, no es para nada lindo ni divertido sentir que nos hayan desnudado y azotado con látigos de púas disfrazados de palabras hirientes que pronuncian nuestros familiares.

Muchos cristianos sencillamente se rinden. Se sienten abrumados por los problemas que causan sus oraciones y su testimonio ante sus familiares. Pero no debes abandonar. ¡Porque la victoria llegará!

Puntos para recordar

1. Has de saber que habrá revuelo y problemas, que vendrán de parte de los familiares que no son salvos.

2. Sigue fiel en tu estilo de vida, tus oraciones, la adoración y el diezmo. Todo ello forma parte del mismo paquete.

3. Las palabras sí duelen. Entrégaselas al Señor y sigue adelante.

4
Cuarta llave:

Crea un entorno de adoración que te fortalezca

"Cree en el Señor Jesús;
así tú y tu familia serán salvos".

—Hechos 16:31

4
Cuarta llave:

✣

Crea un entorno
de adoración que
te fortalezca

¿Recuerdas que Pablo y Silas estaban en el cepo, dentro de la celda de máxima seguridad de la sucia y maloliente cárcel de Filipos, donde adoraban a Dios, orando y cantando? Te preguntarás cómo podían hacer algo así, cuando les dolía todo, sangraban y sabían que humanamente sus probabilidades de salir con vida de tal situación eran casi nulas.

La respuesta está en que en lo más profundo de sus corazones y espíritus sabían la verdad de la cuarta clave: la adoración espiritual es una fuerza poderosa para la evangelización, tanto para los hombres y mujeres cristianos como para los seres amados no salvos por quienes oran.

Me encanta adorar a Dios. El Espíritu Santo me ha mostrado que la adoración es una de las herramientas más potentes que tenemos los creyentes para luchar por las armas en las líneas de combate de esta guerra contra Satanás. Al mismo tiempo, es más que una característica de las iglesias que hoy están creciendo en el mundo.

Sin embargo, habrás dicho en varias ocasiones: "Ya me cansé de adorar", o tal vez: "Hoy no me siento bien como para adorar", e incluso: "No tengo ganas de adorar a Dios hoy". Son tonterías. En esos momentos, precisamente, ¡es cuando más tienes que adorar!

La adoración puede darte la fe con ese tío o tía que viven gruñendo, o con tu hijo o hija y cualquier otro en tu familia que tanto necesitan a Cristo. Si acudes a Dios con corazón recto, la adoración puede ser la clave que abra las puertas de las bendiciones. Cuando alabes a Dios, imagina a toda tu familia en Cristo, transmitiéndoles esa esperanza y confianza, a un nivel nuevo y más profundo con el Señor.

Pablo y Silas podrían haber presentado miles de excusas para no adorar a Dios. Medita en el día que habían tenido. Perseguidos por una chica poseía por demonios, arrestados bajo acusaciones falsas,

golpeados por una turba, azotados y echados en un calabozo, con la expectativa de ser sentenciados a muerte.

En términos humanos, creo que tenían derecho a presentar todas las excusas que quisieran —más que cualquiera de nosotros—, para no adorar a Dios. Tal vez, tú o yo solo nos quejaríamos diciendo: "Basta. Me cansé. Es demasiado difícil".

Pero ante ese callejón sin salida que se presentaba como la aparente culminación de su ministerio, Pablo y Silas sabían qué herramienta usar para salir de allí, y no hablo necesariamente de la prisión aunque el efecto eventual sí fue ese. La herramienta que usaron fue la adoración, que dio paso a los sucesos milagrosos que los rescataron, y que trajeron salvación al carcelero y su familia, en Cristo.

Volveré a este tema más adelante. Quiero incluir aquí una historia del Antiguo Testamento que es instructiva en términos del poder de la adoración para volar en pedazos los obstáculos que Satanás y sus secuaces tratan de echarnos encima. Toma tu Biblia y busca Isaías 6.

Exploremos juntos esta historia:

El año de la muerte del rey Uzías, vi al Señor excelso y sublime, sentado en un trono; las orlas de su manto llenaban el templo. Por encima de él había serafines, cada uno de los cuales tenía seis alas: con dos de ellas se cubrían el rostro, con dos se cubrían los pies, y con dos volaban. Y se decían el uno al otro: "Santo, santo, santo es el Señor Todopoderoso; toda la tierra está llena de su gloria." Al sonido de sus voces, se estremecieron los umbrales de las puertas y el templo se llenó de humo. Entonces grité: "¡Ay de mí, que estoy perdido! Soy un hombre de labios impuros y vivo en medio de un pueblo de labios blasfemos, ¡y no obstante mis ojos han visto al Rey, al Señor Todopoderoso!"

En ese momento voló hacia mí uno de los serafines. Traía en la mano una brasa que, con unas tenazas, había tomado del altar. Con ella me tocó los labios y me dijo: "Mira, esto ha tocado tus labios; tu maldad ha sido borrada, y tu pecado, perdonado." Entonces oí la voz del Señor que decía:

—¿A quién enviaré? ¿Quién irá por nosotros?

Y respondí:

—Aquí estoy. ¡Envíame a mí!

—ISAÍAS 6:1-8

Cuando Isaías llegó al templo de Jerusalén ese día del año 740 A.C., estaba de luto. El rey Uzías era su primo, y "Uz" (buen apodo, supongo) había sido un gobernante bueno, que amaba a Dios. Pero luego se

volvió demasiado orgulloso y arrogante, y quemaba él mismo el incienso en el templo, cometiendo así un grave pecado ya que usurpaba el rol que Dios había designado para los sumo sacerdotes. Ellos trataron de detenerlo, pero el rey los hizo a un lado, furioso, y encendió el incienso de todos modos.

Mientras seguía furioso con los sacerdotes que habían intentado salvarlo de su propia rebelión, en su frente apareció un brote de lepra y fue esa enfermedad, que comió su carne, la que al final lo mató. Incluso su sepultura, en un campo cercano a las tumbas reales pero no dentro del recinto tan reverenciado, servía como triste recordatorio del juicio de Dios.

Todas esas cosas, junto con el amor de Isaías por su pariente y su destino, tienen que haber pasado por la mente del profeta mientras entraba ese día al templo, buscando en su Dios consuelo y guía. Y obtuvo eso, en una medida sobrecogedora, transformadora de vida, que le estremeció hasta el alma. Una medida que valió la pena registrar para las eras futuras.

¡Isaías entró a lo que llamamos un servicio de adoración milagroso, maravilloso! Con ojos visionarios vio al Anciano de Días en su trono, y el ruedo de sus vestiduras llenaban el templo. Algunos estudiosos judíos piensan que ese es el símbolo de la horma en que el poder de Dios llena el mundo físico y también el espiritual. Volaban por allí varios seres angélicos, y llenaban los oídos de Isaías con palabras de alabanza al Rey del universo.

El Salmo 148:2 nos dice que los ángeles fueron creados mucho antes que los seres humanos, con el propósito de adorar a Dios:

> "Alábenlo, todos sus ángeles,
> alábenlo, todos sus ejércitos".

Y en el Nuevo Testamento leemos algo similar:

> "Ustedes se han acercado al monte Sión,
> a la Jerusalén celestial, la ciudad del Dios viviente.
> Se han acercado a millares y millares de ángeles,
> a una asamblea gozosa".
> —HEBREOS 12:22

Podrás ver que sería un error enorme subestimar el valor de la adoración a Dios.

Al ver lo mucho que él como simple mortal, fallaba en dignidad como para ser testigo de tal santidad, Isaías se lamentó por su condición. Incluso como profeta de Dios, sabía que era miembro de la raza humana y de un pueblo rebelde. La repuesta de Dios, simbolizada por la brasa ardiente del altar del Lugar Santísimo del templo, fue el perdón. Un ángel tocó con aquella brasa los "labios impuros" de Isaías y lo declaró sin pecado ante Dios.

Ahora declarado digno del amor de Dios por medio de un acto de pura gracia, Isaías gozoso aceptó y se aferró a su nuevo propósito de advertirle al pueblo de Israel las consecuencias de su pecado. Todo ello sucedió en una atmósfera de adoración. Parece claro entonces que la adoración es el ingrediente esencial para dar rienda suelta al poder y el propósito del Señor en nuestras vidas.

Ahora volvamos a la prisión de Filipos. Ese servicio de adoración nocturno que condujeron Pablo y Silas, no tuvo menos unción que la que registró Isaías. Con ellos, en esa celda, estaban los peores criminales, que sin embargo escuchaban las oraciones e himnos. Pienso que la presencia de Dios logró penetrar por entre las capas y capas de acciones de maldad, para llegar a tocarles los corazones.

No importa de qué lugar se trate, ya sea en una prisión o una megaiglesia, el poder de la adoración te tocará.

Muchos de los que leen este libro han intentado llevar a sus familias a Cristo, recibiendo a cambio el rechazo. ¡No hay que abandonar! Hay que adorar, para ver la obra del Espíritu Santo en ti, y en las vidas de los que amas y todavía no conocen al Señor. Su obra es maravillosa, milagrosa.

Cuando llegue el revuelo, cuando surjan los problemas que tienes que saber que vendrán, no te rindas.

1. Sigue orando por tus seres amados, día tras día.

2. Sigue manteniéndote firme contra Satanás.

3. Sigue esperando ese revuelo que surgirá en tu familia.

4. Y sigue creando un entorno de adoración para fortalecer tu audacia.

La promesa de Dios, su pacto contigo, es que bendecirá tu misión; que consiste en llevar a tu familia al punto en que se decidan por Cristo. El Señor quiere preparar sus corazones para que oigan con sensibilidad el mensaje de salvación y reconciliación.

La adoración te colocará en el mismo plano con el poder y el propósito del Señor y, como Pablo y Silas supieron, es ese el momento en que comienzan los milagros. Espera cosas maravillosas para ti y tu familia. Tal vez, incluso se trate de un equivalente a un terremoto espiritual.

Puntos para recordar

1. La adoración da rienda suelta a la paz, al poder y al propósito de Dios.

2. La adoración desaparece y derriba las barreras espirituales.

3. Espera cosas maravillosas, como ¡un terremoto espiritual en tu familia!

5
Quinta llave:

Cree, desde lo más profundo de tu corazón, que tu familia vendrá a Cristo

"*Cree en el Señor Jesús;
así tú y tu familia serán salvos*".

—Hechos 16:31

5

QUINTA LLAVE:

CREE, DESDE LO MÁS
PROFUNDO DE TU CORAZÓN,
QUE TU FAMILIA VENDRÁ
A CRISTO

Dejamos a ese carcelero de Filipos de rodillas ante Pablo y Silas, salvado del suicidio, y preguntándoles por la vía a la salvación. ¿Recuerdas la respuesta? "Cree en el Señor Jesús; así tú y tu familia serán salvos" (Hechos 16:31).

¿Dudas que le estuvieran hablando de sus familiares no salvados? ¿Qué es *tu casa*? Intenta llevar las paredes, dormitorios, garaje, baños y jardín al Señor. O tu alfombra, el piso y los muebles a Cristo. No funciona, ¿verdad? Así que *tu casa* se refiere a ¡tus familiares no salvos! (Bueno, fue un toque de humor tonto, lo sé, pero quería dejarlo en claro.)

El carcelero aceptó a Cristo y cuando los que estaban en su casa —adonde había llevado a Pablo y a Silas para lavarles las heridas y darles un plato de comida— oyeron el mensaje, el resto de su familia también aceptó a Cristo y fueron salvos. Es más, todos se bautizaron en la nueva fe esa misma mañana, como lo afirma la Palabra: "en seguida fueron bautizados él y toda su familia" (Hechos 16:33). Este es el pacto de Dios con nosotros en acción. Es como esa canción que cantábamos muchos en la escuela dominical:

> Toda promesa del Libro es mía
> Cada capítulo, cada versículo, cada renglón
> Todas las bendiciones de su amor divino
> Toda promesa del Libro es mía.

Ya mencioné brevemente la importancia del concepto del pacto. Pero es primordial que conozcas ese punto en profundidad. Tomémonos un momento entonces para explorarlo. Quiero asegurarme de que quede en lo más profundo de tu alma, que forje el fundamento de tu fe. Porque es la piedra angular de esta última clave la que te ayudará a creer, desde lo más profundo de tu corazón, que tu familia acudirá a Cristo.

El término hebreo que se traduce en el Antiguo Testamento como "pacto" es *berith*. En su significado original, *berith* evoca la antigua práctica de sellar un acuerdo solemne, pasando literalmente entre las partes cortadas de un animal de sacrificio que se ha matado. La visión de Abraham que cuenta Génesis 15 fue acerca de un caldero humeante y una antorcha encendida —símbolo de la presencia de Dios— pasando entre las partes del animal de sacrificio. Entonces, el Señor declaró su promesa de darles a los descendientes de Abraham la tierra prometida de Israel.

Por otra parte, en el Nuevo Testamento el término que se traduce como "pacto" es la palabra griega *diatheke*. También se refiere a un acuerdo irrevocable, parecido a un testamento, una decisión que no puede cambiarse y que nadie puede cancelar.

De manera que el origen del término *Nuevo Testamento* —forma en que conocemos a los cuatro evangelios más el libro de los Hechos, las epístolas a la iglesia primitiva y el libro de Apocalipsis—, es ante todo el pacto de gracia y reconciliación de Dios, esta vez a través de la sangre de su propio Hijo, como lo explicó Jesús en la Última Cena:

> También tomó pan y, después de dar gracias, lo partió, se lo dio a ellos y dijo: Este pan es mi cuerpo, entregado por ustedes; hagan esto en memoria de mí. De la misma manera tomó

[y les dio] la copa después de la cena, y dijo: Esta copa es el nuevo pacto en mi sangre, que es derramada por ustedes.

—LUCAS 22:19-20

Este pasaje aparece en la versión *The Message* [El mensaje] de la siguiente manera: "Este es mi cuerpo dado por ustedes. Cómanlo en memoria mía. Hizo lo mismo con la copa después de cenar, diciendo: 'Esta copa es el nuevo pacto escrito en mi sangre, sangre derramada por ustedes'".

Finalmente, en caso de que no hayas podido apreciar esta idea hasta ahora, puedes confiar completamente en las promesas de Dios. Y la declaración de Hechos 16:31, ¡es una promesa!

¿Qué dice la Biblia acerca de las promesas de Dios?

Dios no es un simple mortal para mentir y cambiar de parecer. ¿Acaso no cumple lo que promete ni lleva a cabo lo que dice?

—NÚMEROS 23:19

"Cree en el Señor Jesús; así tú y tu familia serán salvos" (Hechos 16:31). Dios nos ha prometido que no escatimará su poder para que tu familia llegue al conocimiento salvador de Su Hijo. Es su pacto con nosotros, sellado con la sangre de su precioso Hijo.

Reflexiona en ese pacto, en ese Nuevo Testamento, como en un documento tangible. Un rollo sellado con sangre sagrada que Dios te acerca, deslizándolo sobre la mesa para que lo tengas frente a los ojos.

Así es. El tipo de pacto del que hablamos aquí es un acuerdo entre dos partes. La Biblia lo deja claro. Piensa en estos pactos "condicionales" que Dios ofreció y en la forma en que se cumplieron en tanto y en cuanto los seres humanos honraron sus términos.

Ya anciano y cercano a la muerte, David le había advertido a Salomón:

> "Cumple los mandatos del Señor tu Dios; sigue sus sendas y obedece sus decretos, mandamientos, leyes y preceptos, los cuales están escritos en la ley de Moisés. Así prosperarás en todo lo que hagas y por dondequiera que vayas, y el Señor cumplirá esta promesa que me hizo: Si tus descendientes cuidan su conducta y me son fieles con toda el alma y de todo corazón, nunca faltará un sucesor tuyo en el trono de Israel".
>
> 1 Reyes 2:3-4

Cuando al fin Salomón rompió ese acuerdo, al adorar y ofrecer sacrificios a otros dioses, los resultados fueron catastróficos. El reino se dividió y las siguientes generaciones de reyes descendientes de

David, quedaron solo con dos de las doce tribus de Israel para gobernar.

Así que sí, tienes una parte que cumplir en esto de abrir las compuertas del amor, la misericordia y el llamado irresistible de Dios a ese hijo, esa hija, ese padre, esa madre, ese hermano , esa hermana, ese sobrino, esa sobrina o esos primos que tan lejos están de las bendiciones de Cristo en esta vida y la venidera.

Las cinco llaves para ver que las promesas de Hechos 16:31 se hagan realidad, están en este libro. No son mías. Son del Señor y las Escrituras las enseñan con absoluta claridad. Son los ingredientes esenciales para que hagamos lo nuestro en este pacto que Dios les ofreció a sus hijos a través del ministerio de Pablo y Silas en Filipos.

Estas llaves son como un plano que dibujó el Arquitecto. Los planos son precisos y completos en todo detalle, y brindan a los constructores y obreros los pasos del proceso necesario para que el sueño se convierta en realidad. Al igual que el albañil, el plomero, el soldador o el carpintero, necesitamos herramientas para poder hacer nuestra parte.

¿Te aprestas a trabajar entonces? ¿Te preparaste para hacer lo siguiente?:

1. Ora todos los días por tus familiares que no conocen a Cristo.

2. Mantente firme contra Satanás.

3. Espera revuelo en tu familia.

4. Cree, desde lo más profundo de tu corazón, que tu familia conocerá a Cristo.

Es hora de que conozcas bien las herramientas que contiene tu tesoro espiritual.

Puntos para recordar

1. La promesa de Hechos 16:31 es el pacto de Dios con nosotros, por nuestras familias.

2. Vislumbra el contrato de Dios sellado con la sangre de Cristo.

3. Dios acaba de acercarte el acuerdo. ¿Lo firmarás?

*"Cree en el Señor Jesús;
así tú y tu familia serán salvos".*

—Hechos 16:31

6

TU CAJA DE HERRAMIENTAS ESPIRITUALES CON LAS CINCO LLAVES

Lo que leerás en este último capítulo son algunos recursos y sugerencias útiles para que puedas dar inicio a tu travesía con las cinco llaves.

Pero al volver a presentártelas, quiero poner énfasis en la primera: Ora todos los días por tus familiares que aún no conocen a Cristo.

La oración es alabanza, la oración es comunión. La oración le permite a tu corazón escuchar lo que Dios indica, su instrucción. Te permite recibir la paz y la confianza del Señor en cuanto a tus esfuerzos por llevar a tus seres amados a Cristo.

Cuando más lo conozcas, más cerca estarás.

Al momento de escribir este libro, llevo casado cuarenta y dos años con mi esposa Jan. ¡Eso es bastante comunión! Y durante todo ese tiempo, hemos llegado a conocernos muy, pero muy bien. Podemos saber qué va a decir el otro, y casi leernos el pensamiento. Tal vez, sentados en la sala de casa yo menciono algo e inevitablemente, ella dice: "Justamente estaba pensando en eso". Sé lo que le gusta. Y ella sabe lo que a mí me gusta.

Deberíamos poder llegar a un punto de intimidad espiritual así con Dios. Claro que Él ya sabe qué es lo que nos gusta, y debemos esforzarnos por devolverle al menos un poco de ese entendimiento en cuanto a sus deseos para nosotros y nuestras familias.

Así, la oración se convierte en un estilo de vida. Muchas veces, después de un día agitado y lleno de tensiones, solo le damos a Dios el tiempo que nos sobra. Por tanto, te urjo a darle a Dios la mejor parte de tu día, dedicando ese tiempo a la oración, apenas despiertes, antes de que tu mente y tu corazón se distraigan con las cosas cotidianas.

Mencioné antes el asombroso ministerio del pastor coreano David Yonggi Cho, y la forma en que la oración literalmente fue el combustible para el crecimiento de lo que hoy es la iglesia cristiana evangélica más grande del mundo. Lo que tal vez no sepas es

que Cho conoció la clave de la oración porque se la enseñó su suegra.

Esa mujer cristiana y perseverante se levantaba a las 4:30 de la mañana, y llamaba a la puerta de su yerno: "¡Hora de orar, David!", le recordaba con firmeza. Fue una lección que él mismo le legó a su familia y a los cientos de miles de coreanos que ganó para Cristo con su ministerio.

Así que, ante todo, ora. Luego, mantente firme contra Satanás cuando llegue el contraataque. La oposición también provendrá de tu familia, así que has de esperar cierto revuelo por parte de tus seres amados no salvos. Prepárate para las reacciones hirientes. ¡Pero no claudiques! Obtendrás fuerzas para perseverar si creas un entorno de adoración, sin olvidar que tienes que creer desde lo más profundo de tu corazón que tu familia se allegará a Cristo.

Para destacar tu compromiso con las cinco llaves, tal vez quieras escribirles una carta a aquellos por quienes estás orando, como hizo mi buen amigo Michael, de Green Bay, Wisconsin.

Michael escribió esa carta después de que su hermana, su cuñado y su sobrino murieran trágicamente. Me dio permiso para citar parte de ella, la que incluyo aquí.

A mi familia, mis amigos y asociados:

En el último año y medio me ha parecido que el tiempo ha pasado demasiado rápido. Con la muerte de Nancy, Richard y Michael... veo la vida de otra manera. Estos tiempos en que vivimos, el rumbo que está tomando nuestro país, con el liderazgo de espaldas a Dios, sin brújula moral, me hacen preocupar por nuestros hijos y nietos.

Creo que se me ha dado mucho, en muchas áreas de la vida. Y creo que tengo la responsabilidad de transmitir y compartir lo que se me ha dado. Lucas 12:48 declara: "A todo el que se le ha dado mucho, se le exigirá mucho".

Reconozco el hecho de que:

"... ¡ni siquiera saben [sabemos] qué sucederá mañana! ¿Qué es su [nuestra] vida? ... [somos] como la niebla, que aparece por un momento y luego se desvanece".

—SANTIAGO 4:14

Me he sentido movido a escribirles esta carta para decirles que ya no quiero que pase más tiempo sin decirles algunas de las cosas que creo son las más importantes de la vida...

no escribo esta misiva para criticar ni condenar, sino para darles convicción. La convicción trae esperanzas para un cambio positivo en la vida. Pero la condenación trae miedo, ira y desesperanza.

Si pudiera darles un consejo precioso por su valor, sería este: Que Dios los ama y tiene un plan para ustedes. Jeremías 29:11-14 afirma:

"Porque yo sé muy bien los planes que tengo para ustedes —afirma el Señor—, planes de bienestar y no de calamidad, a fin de darles un futuro y una esperanza. Entonces ustedes me invocarán, y vendrán a suplicarme, y yo los escucharé. Me buscarán y me encontrarán, cuando me busquen de todo corazón. Me dejaré encontrar —afirma el Señor—, y los haré volver del cautiverio. Yo los reuniré de todas las naciones y de todos los lugares adonde los haya dispersado, y los haré volver al lugar del cual los deporté".

Michael concluye la carta diciéndoles a sus lectores: Sé que Dios me ama. Y quiero que ustedes tengan la misma certeza.

Esta misiva, en tus propias palabras, podría ser una de tus herramientas para comenzar. Y a eso añado una sugerencia mía: Haz una lista. Yo lo llamo, estrategia, en la que incluirás la lista de las llaves de las que habla este libro, con un espacio al lado para los nombres de tus seres amados que están perdidos, la fecha en que comenzaste a orar por ellos y la fecha de su salvación (encontrarás un modelo o planilla al final de este capítulo).

Es la promesa de Dios para ti —su pacto— de que Él tiene a tu familia en sus manos y que ama a su familia más profundamente que lo que imaginamos tú o yo. Sigue las *Cinco llaves para ganar a tu familia para Cristo* ¡y acordemos que veremos a toda tu familia entrar en el reino de nuestro Señor y Salvador, Jesucristo!

Puntos para recordar

1. La oración es alabanza; la oración es comunión.

2. Que la oración sea tu estilo de vida. Dale a Dios la mejor parte de tu día.

3. Haz una lista de aquellos por quienes estás orando y sigue su recorrido hasta su salvación.

"Estrategias de las Cinco llaves para ganar a tu familia para Cristo"

Hechos 16:16-32

1. Ora todos los días por tus familiares que no son salvos.

2. Mantente firme contra Satanás (espera la oposición demoníaca).

3. Espera un revuelo en tu familia.

4. Crea un entorno de adoración que te fortalezca.

5. Cree, desde lo más profundo de tu corazón, que tu familia vendrá a Cristo.

Nombre	Fecha de hoy	Fecha de salvación
1.		
2.		
3.		
4.		
5.		

Recuerda: No te rindas.
Dios no lo hace, ¡tú tampoco debes hacerlo!

"*Cree en el Señor Jesús;
así tú y tu familia serán salvos*".
—Hechos 16:31

"Más ánimo para la jornada"

Te brindo algunos ejemplos del poder de la oración, la fe y la perseverancia para guiar a tus seres amados a Cristo. Te servirán de ánimo.

La historia de Mark Stanich: Un largo camino a casa

Mark Stanich tuvo problemas casi desde el principio de su vida. Cuando tenía dos años, ya era un rebelde total. Era un chico obstinado y cabeza dura, iracundo, que se golpeaba la cabeza contra la pared cada vez que alguien le llamaba la atención para disciplinarlo.

A veces, la vida misma parecía haber conspirado contra él. A los cinco años, mientras volvía del jardín de infantes junto con su hermano Michael, que tenía seis en ese momento, un auto lo atropelló. El pequeño, que ya tenía bastantes problemas, sufrió una fractura en un brazo y una pierna, en las costillas, lesiones en los riñones y —infirió un médico— también daño cerebral. Mark pasó seis semanas en tracción y un mes y medio enyesado en su casa.

Como resultado del accidente, quedó con una pierna unos centímetros más corta, con la columna vertebral dolorosamente torcida, y con la urgente necesidad de una cirugía correctiva. En segundo grado, a Mark le costaba seguir el ritmo de la clase aunque, al mismo tiempo, se mostraba como un chico arriesgado, que siempre terminaba lastimado y en la sala de emergencias. A los nueve años ya fumaba a escondidas. Y a los trece, bebía.

Ni las enseñanzas de Doug y Joan, sus padres cristianos, ni la influencia de la iglesia, basada en la Biblia (los Stanich asistían con regularidad, daban el diezmo y servían en la iglesia) parecían poder hacer mella en la dureza y el enojo de Mark con la vida. A los catorce años los líderes del grupo juvenil se enteraron de que fumaba marihuana. Un año más tarde le robó el auto a su hermano Michael y lo arrestaron por no obedecer una señal de tránsito y conducir sin licencia.

Mark, que con frecuencia se escapaba de clases, dejó de ir a la escuela y huyó para vivir con una amiga. A los dieciséis años ya tenía un bebé, sin haberse casado. Lo negó hasta que los análisis de ADN probaron que el niño era suyo.

Pero a partir de allí todo pareció empeorar. Tuvo varios accidentes automovilísticos por conducir ebrio y drogado. Se casó y se divorció tres veces, y tuvo hijos con dos de sus tres esposas. Su prontuario incluía violencia familiar; incluso, durante uno de esos incidentes, Doug debió hablar con Mark para que se entregara al equipo de policía especial llamado SWAT.

Doug y Joan eran los que pagaban los platos rotos y las cuentas, incluyendo los seis intentos de rehabilitación por abuso de drogas y alcohol. Finalmente, no tuvieron más opción que echarlo de casa. A los tumbos, anduvo de empleo en empleo, casi siempre como vendedor porque sabía atraer a los clientes con su aspecto, su carisma y su sentido del humor. Pero como se aprovechaba de ellos, su reputación empeoraba cada vez más.

A los treinta y ocho años, Mark volvió a tener problemas con la ley, por lo que se escabulló cuando quisieron arrestarlo, amenazando con suicidarse ya que no quería entregarse. La policía lo arrestó en un hospital, donde pasó un tiempo en el pabellón siquiátrico y luego fue llevado a prisión. Casi la mayor parte de los últimos cuatro años de su vida transcurrieron tras las rejas, acusado de diversas cosas entre las cuales estaba la falsificación de una prescripción para un potente analgésico, OxyContin.

Al llegar a lo último en una prisión de Wisconsin, sucedió el milagro que se había tardado décadas, ese milagro por el cual Doug y Joan habían orado pidiendo la salvación de su hijo. A pesar de la agonía de la aparente falta de respuestas a sus oraciones, y el interminable dolor que les causaba la conducta de Mark, sus padres jamás se rindieron.

En la prisión, y ante el desastre de su vida, Mark acudió al Señor y empezó a leer la Biblia. Dio testimonio ante otros presos y cuando finalmente salió de la prisión en septiembre de 2005 sus padres le dieron un empleo, una camioneta, una vivienda y apoyo para ese intento de comenzar de nuevo. Una vez más, sin embargo, Doug y Joan vieron señales de que Mark no iba bien.

"En pocas semanas notamos que buscaba drogas y volvía a sus viejos hábitos", recuerda Doug. "Pero antes de que volviera a caer, creemos que Dios intervino".

Una mañana Joan recibió una llamada de la policía. Habían encontrado a Mark, muerto, en su apartamento de Kenosha, Wisconsin. Ella y Doug se encontraron allí, y vieron que su hijo estaba sentado, erguido y con una expresión de paz. Su cuerpo todavía estaba tibio. La causa de su muerte, dijeron los médicos, era un ataque cardíaco.

En los días y semanas que siguieron, la dolida familia Stanich se enteró de que en sus últimos días Mark había entregado su vida a Cristo. Un amigo les habló de las conversaciones que habían tenido, llenas de amor y felicidad, en reemplazo de una vida entera de egoísmo y enojo.

"Pasó mucho tiempo orando, y estaba convencido de que Dios lo cuidaría", les dijo a los padres. "Era obvio que estaba en paz, consigo mismo y con Dios".

Doug y Joan, aunque tuvieron que sepultar a Mark solo seis semanas después de que saliera de la prisión, también estaban en paz. Dios había respondido a sus oraciones. Verán a su hijo de nuevo, en el cielo.

La "fotografía" de toda una familia salva

Mi amigo Brian Gowan tiene la visión de la evangelización, del servicio a los oprimidos en el aspecto emocional, físico y espiritual, como pastor comunitario de la Iglesia Grace Community de Houston, Texas. Durante décadas, él y su familia se dedicaron a ministrar a los indigentes, a los enfermos, a los ancianos que quedaban olvidados en asilos y a los que sufrían en la más mísera pobreza.

Aunque Brian dice que su llamamiento a evangelizar, por sobre todo y durante toda su vida, ha sido con respecto a su familia, poco después de aceptar a Cristo —siendo alumno de la escuela secundaria en 1973—, el Espíritu Santo puso en su corazón con todo amor pero con toda firmeza, el llamamiento a salvar a sus seres queridos.

"Recuerdo haber sentido una combinación de gozo inexpresable y al mismo tiempo, de gran pesar", afirma Brian. "El gozo era porque personalmente me sentía perdonado, pero sentía oleadas de pesar cuando meditaba en la condición de perdición del mundo y principalmente, de mi familia inmediata".

Dios no perdió tiempo con Brian: le dio respuestas a sus oraciones. A una semana de haber aceptado a Cristo, uno de sus hermanos, John, también lo aceptó en la sala de su casa. "La presencia de Dios descendió y literalmente nos pegó con fuerza como un choque eléctrico, al punto que nos unimos a orar, y nos costaba seguir agarrados de la mano", recuerda Brian.

El siguiente fue Gary, su hermano mayor. Era el cínico de la familia. Le llevó más tiempo pero la intercesión de Brian, a pesar de las frecuentes discusiones y los traspiés aparentes, recibió su respuesta. Gary aceptó a Cristo, se casó con una cristiana y ha estado sirviendo al Señor desde entonces. Ya pasaron más de treinta años.

Su hermana Carolyn fue la siguiente. Aceptó a Cristo después de años de oración de Brian y de su paciente testimonio. Finalmente, los cinco hermanos de Brian nacieron de nuevo, y hasta se les unió su madre.

Hace poco, Brian, su esposa y sus dos hijos fueron a una reunión familiar en la región central de la costa del Pacífico. Como sucede siempre en esas reuniones, sacaron muchas fotos para celebrar el tiempo que pasaban juntos. Cuando terminó la reunión, Brian y su familia volvieron a casa.

Tiempo después Brian fue a buscar las fotos ya reveladas y vio que había una linda toma general de toda su familia. Su madre estaba en el centro, como el ancla del grupo.

"Al mirar la escena, presté atención a cada uno de los rostros, desde el de mi abuela hasta el del más pequeñito. Los conté, uno por uno, mientras tocaba a cada persona y decía: 'En Cristo... en Cristo... en Cristo'. Me asombró ver que todos, los treinta y cuatro que estaban en la foto, ¡tuvieron un encuentro personal con Cristo y eran salvos!"

En 2008 la madre de Brian falleció. Tenía ochenta y seis años y había sido una de las primeras en su familia en unírsele para servir a Cristo. A los setenta años había dicho con Brian la oración del pecador. Por supuesto que Brian la echa de menos, pero dice que su dolor se ha hecho más leve al saber que murió "con su corazón seguro, en Jesucristo".

En su trabajo sirviendo a la comunidad Brian ha acumulado cantidad de recuerdos fotográficos de la cantidad de personas a los que ayudaron sus ministerios. Dice que son un tesoro para él, pero que ninguna de esas imágenes "me es tan preciosa como la de los treinta y cuatro miembros de mi familia que, después de mucha oración y algo de testimonio, tuvieron el impacto de encontrarse con un Dios grandioso, que desea 'que todo aquel que en él cree, no se pierda, mas tenga vida eterna'" (Juan 3:16).

GRACIA SALVADORA PARA UN TÍO QUE AGONIZA Y UN EMPRESARIO FILIPINO

Quiero concluir con un par de historias reales que muestran que la salvación de Dios no conoce límites. Puede tocar corazones donde sea, cuando sea, en una cama de hospital o a tres mil metros de altura, en la cabina de un jet.

Hace años estaba de visita en casa de mi madre, en Wisconsin. Era una bella mañana sabatina y conduje durante cuarenta minutos desde Green Bay hasta su casa, pensando en los lindos momentos que compartiríamos jugando a las cartas. Oramos y conversamos y supe que su hermano favorito, mi tío Kelvin, estaba muriendo con cáncer pulmonar, causado por sus muchos años de exposición al amianto. Pasaba sus últimos días en casa, con cuidados paliativos.

Nuestra familia es enorme. Mamá tenía quince hermanos y hermanas, y cantidad de nietos, bisnietos, primos y parientes. Supongo que la familia en general, causaría problemas en uno de esos sitios de Internet que te arman tu árbol genealógico, si todos nos conectáramos al mismo tiempo. Aunque para mamá y para mí, el tío Kelvin era especial. Hacía unos veinte años que lo tenía en mi lista de oración, por lo que decidí que iría a visitarlo.

Era un tipo simpático. Una de las personas más afectuosas que he conocido. Religioso, hasta cierto punto. Pero no había nacido de nuevo. Yo sabía que tal vez sería la última oportunidad para que sucediera eso. Cuando llegamos, su familia nos recibió con cariño. Fuimos hasta su cama y tomé su mano. Estaba tan débil que casi no podía responder a mi apretón afectuoso.

"Tío Kelvin, he estado orando por ti durante mucho tiempo. Sé que vas a la iglesia pero eso no es lo que te salva. Quiero estar seguro de que eres salvo", le dije.

Respondió con gran dificultad para hablar. Me había visto predicar en la televisión de Green Bay, Wisconsin, y hasta había pronunciado la oración del pecador que yo ofrecía siempre al final de cada servicio.

"La dije, pero no estoy seguro".

Así que repetimos juntos la oración del pecador, muy sencilla, allí, junto a su cama de hospital. Es más, toda su familia oró con él y hasta dedicaron a su nietita al Señor. Cuando dejamos a tío Kelvin ese día, todos sentíamos por fin la certeza de su salvación. Pasamos un rato más con él y luego tuve que irme. Mamá y yo nos regocijamos durante todo el recorrido, pensando en lo que Dios había hecho.

El día siguiente era domingo y mientras saludaba a la gente antes del servicio vi que mamá entraba a la iglesia con los ojos llorosos. Lo noté enseguida. Me dijo, sollozando, que el tío Kelvin había muerto esa misma mañana.

Fue un momento amargo y dulce a la vez. Porque lo echaríamos de menos, pero también sentíamos gozo porque está a salvo ¡en brazos de Jesús!

¡No pierdas el ánimo! Dios responde a la oración, no siempre según nuestros tiempos. Pero siempre cumple sus promesas.

El Señor parece haberme dado oportunidades especiales para hablarles del evangelio a las personas mientras viajamos en avión. Te doy algunos ejemplos:

El primero tiene que ver con un empresario filipino. El tipo resultó tener su asiento junto al del predicador, en ese avión que despegó desde Chicago una cálida tarde sabatina en el mes de agosto. El predicador era yo, adivinaste.

Tenía que dar un discurso al día siguiente, por lo que tomé mi anotador y mi Biblia para preparar lo que iba a decir. Mi compañero de asiento lo notó y me preguntó en qué trabajaba: "Soy pastor", le dije. Y mientras hablábamos le dije a qué denominación evangélica pertenecía. Se le llenaron los ojos de lágrimas. Me dijo que era la misma comunidad a la que había pertenecido su hermana antes de morir del mal de Hodgkin, dos años antes. Era el mismo tipo de cáncer que le había cobrado la vida a mi hermana Judy.

Nuestra conversación se fue haciendo más intensa y, mientras hablábamos, me pareció que el hombre no le había pedido a Cristo que fuera su Salvador. Mientras exploraba eso con mucho tacto y delicadeza, sacó una carta que su hermana le había escrito antes de morir, un último mensaje en que le urgía a nacer de nuevo, e incluía una oración de arrepentimiento como sugerencia.

"¿Hizo usted esa oración?", le pregunté.

Dijo que no la entendía, así que tuve la oportunidad de explicarle en ese mismo momento acerca de la vida, la muerte, la resurrección de Jesús y el perdón de nuestros pecados. Después de eso, repetimos la oración leyendo la carta de su hermana.

Ese día, en lo alto, sobre las planicies del centro del país, el hombre creyó. Algún día, su querida hermana lo recibirá en el cielo, y sus oraciones habrán sido respondidas desde más allá de la tumba. ¡Y apuesto a que también Judy estará allí, y será amiga de su hermana! Creo que le habría encantado esa señora.

Finalmente, quiero contarte mi encuentro con un tipo al que llamaré Ken. Lo conocí después de haber pasado una semana agotadora, predicando en Texas. Cuando llegué a la ciudad de Salt Lake, lo único que quería era llegar a casa, ver a mi familia y descansar. Pero tenía un compromiso para predicar en Olympia, Washington, así que cambié de vuelo y seguí con el plan. Apenas metí mi enorme humanidad en el asiento del pasillo, conocí a Ken, que estaba sentado enfrente de mí.

Ken se dirigía a su hogar, en un pequeño pueblo en las afueras de Seattle. Tenía cuarenta y seis años y había vivido allí toda su vida. Me preguntó qué hacía yo y por qué volaba al estado de Washington. Le dije que era pastor y que iba a predicar allí.

Ahora, me tocaba a mí.

—Ken, ¿vas a la iglesia? —le pregunté. Y la respuesta fue educada, aunque como casual.

—Bueno, no. Podría decirse que soy agnóstico, pero mi esposa asiste a una iglesia [de una de las denominaciones más tradicionales].

La iglesia de su esposa era de la misma denominación que la iglesia en que me habían criado. Le dije eso y luego le expliqué que yo había aceptado a Cristo, que había dejado esa iglesia y que me había unido a una comunidad cristiana evangélica. Resultó que Ken también había crecido en una iglesia que enseñaba el mensaje de salvación y el nuevo nacimiento. Pero se había apartado.

Su madre había muerto y su padre todavía estaba vivo. Ken admitió que su padre siempre le pedía que volviera a la iglesia.

—Supongo que cuando termine esta vida, ambos sabremos quién tenía razón —dije, en referencia a mi fe en Cristo y su agnosticismo.

Ken sonrió, y terminamos nuestra conversación. Al menos, no volvimos a hablar hasta que aterrizamos en Seattle y estábamos a punto de desembarcar.

Me volví hacia él por última vez.

—Oye Ken. Mañana es domingo, y es el Día del Padre. ¿Por qué no vas a la iglesia con tu familia? —le dije.

Me miró y vi que tenía los ojos llorosos.

—No. Creo que voy a llamar a mi padre e iré a la iglesia con él —contestó.

Creo que es exactamente lo que hizo. Confío en que ese era el plan de Dios para que Ken, su madre y su padre se reencuentren en el cielo.

Creo en eso porque Dios es fiel. Nos prometió que si seguimos su camino, llevará a todos nuestros seres amados al punto de la salvación.

Nunca, ¡nunca te rindas! ¡Nunca abandones!